fulness

para

una vida

compasiva

Mindfulness
para
una vida
compasiva

Cómo reducir el estrés
y cultivar la autocompasión

Dra. Patrizia Collard

EDICIONES OBELISCO

Si este libro le ha interesado y desea que le mantengamos informado de nuestras publicaciones, escríbanos indicándonos qué temas son de su interés (Astrología, Autoayuda, Ciencias Ocultas, Artes Marciales, Naturismo, Espiritualidad, Tradición...) y gustosamente le complaceremos.

Puede consultar nuestro catálogo en www.edicionesobelisco.com

Los editores no han comprobado la eficacia ni el resultado de las recetas, productos, fórmulas técnicas, ejercicios o similares contenidos en este libro. Instan a los lectores a consultar al médico o especialista de la salud ante cualquier duda que surja. No asumen, por lo tanto, responsabilidad alguna en cuanto a su utilización ni realizan asesoramiento al respecto.

Colección Psicología
MINDFULNESS PARA UNA VIDA COMPASIVA
Dra. Patrizia Collard

1.ª edición: septiembre de 2015

Título original: *Mindfulness for Compassionate Living*

Traducción: *Raquel Mosquera*
Maquetación: *Montse Martín*
Corrección: *M.ª Ángeles Olivera*
Ilustraciones: *Abigail Read*
Diseño del interior y cubierta: *Joanna MacGregor*

© 2014, Octopus Publishing Group Ltd
(Reservados todos los derechos)
© Patrizia Collard, 2014 (para el texto)
Título publicado en 2014 por Gaia, sello de Octopus Publishing Group Ltd., Endeavor House, 189 Shaftesbury Avenue, London WC2H8JY, Reino Unido.
© 2015, Ediciones Obelisco, S. L.
(Reservados los derechos para la presente edición)

Edita: Ediciones Obelisco S. L.
Pere IV, 78 (Edif. Pedro IV) 3.ª, planta 5.ª puerta
08005 Barcelona - España
Tel. 93 309 85 25 - Fax 93 309 85 23
E-mail: info@edicionesobelisco.com

ISBN: 978-84-16192-53-3
Depósito Legal: B-4.624-2015

Printed in Malaysia

El símbolo de la flor de loto es la descripción visual de la compasión. Esta bella flor que crece en el lodo representa la belleza de mente, corazón e intelecto que trasciende la condición humana.

Contenido

Introducción

Cuando asistí a mi primer retiro Metta («bondad amorosa») hace diez años, una de mis maestras más sabias dijo que la autocompasión era la clave para resolver todas las emociones destructivas. Cuando le pregunté cómo se relacionaba ese hecho con el *mindfulness*, el campo que me interesaba, me explicó que los dos están intrínsecamente unidos. Como el ying y el yang, la compasión es una habilidad importante que añade al *mindfulness* la capacidad de «amar lo que es» y de verte a ti mismo como si fueras un bello diamante que sólo necesita pulirse un poco.

Durante los últimos ocho años he observado cómo la compasión se ha desarrollado en diferentes ámbitos, como la medicina y la psicoterapia, y cómo las publicaciones académicas que versaban sobre el tema de la compasión y la bondad amorosa han ido aumentado año tras año.

Durante la última década, científicos y psicoterapeutas han llevado a cabo investigaciones sobre «la ciencia de la compasión». Están tratando de identificar la naturaleza y los orígenes del comportamiento empático y no egoísta hacia los demás. Actualmente, se están desarrollando herramientas que podrán medir la empatía, la compasión y el altruismo. En el futuro, estos instrumentos nos ayudarán a evaluar la efectividad de cualquier fórmula que se ofrezca para aumentar el amor propio y la compasión.

Muchos libros publicados sobre este tema utilizan el símbolo de la flor de loto para representar la compasión. Se trata de una hermosa flor que crece en el barro y que representa una mente, un corazón y un cerebro hermosos que se desarrollan a partir de la condición humana, que a menudo abarca la negatividad, los actos malvados y el egoísmo.

¿Dónde reside la compasión y cómo se puede cultivar?
Espero que este libro se convierta en un pequeño
cofre del tesoro donde puedas encontrar nuevas ideas
y sabiduría para abrazar la compasión, y, en particular,
la autocompasión, de una manera más profunda. Nos
embarcará en un viaje por la teoría de la «supervivencia
del más apto» de Darwin y con qué frecuencia no
se encuentra plasmada en la naturaleza. También
pasaremos por la antigua sabiduría espiritual y veremos
lo que podemos aprender de esa fuente. Los maestros
espirituales que una vez tuvieron el poder de influir en
el individuo, como Cristo y Buda, nos desafiaron para
que estuviéramos despiertos y llenos de vida, así como
para que practicáramos la compasión y el amor. Los
que siguieron durante el siglo pasado, como Gandhi,
Martin Luther King y Su Santidad el XIV Dalai Lama,
presentaban tanto un carácter como una visión fuertes,
y aun así encarnaban por completo la autocompasión.
Sin esta última, es mucho más difícil vivir con compasión
y cuidar a los demás y al entorno. Cuando tenemos
amor propio genuino podemos aprovechar nuestra
verdadera bondad, ver los dones que hemos recibido
y experimentar la alegría de compartirlos.

Abriremos el corazón a cuentos de hadas, historias
reales, parábolas y poesía, y tomaremos ideas para nuestra
búsqueda. Por último, veremos por qué necesitamos
la compasión más que nunca en esta época de caos
y narcisismo.

Deja que abramos nuestro corazón
a cuentos de hadas, historias reales, parábolas
y poesía, y que tomemos ideas para nuestra búsqueda.

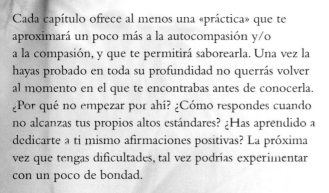

Cada capítulo ofrece al menos una «práctica» que te aproximará un poco más a la autocompasión y/o a la compasión, y que te permitirá saborearla. Una vez la hayas probado en toda su profundidad no querrás volver al momento en el que te encontrabas antes de conocerla. ¿Por qué no empezar por ahí? ¿Cómo respondes cuando no alcanzas tus propios altos estándares? ¿Has aprendido a dedicarte a ti mismo afirmaciones positivas? La próxima vez que tengas dificultades, tal vez podrías experimentar con un poco de bondad.

La autocompasión, la capacidad de retirarse amablemente y sin juzgar cuando las cosas van mal, puede ser más importante que la autoestima para promover sentimientos de bienestar, según un estudio publicado en el *Journal of Personality and Social Psychology* (2007; 92 (5), 887-904) de la Asociación Psicológica Americana. Los científicos sociales han puesto previamente el énfasis en cómo la autoestima, la capacidad de creer positivamente en uno mismo y sentirse valorado por otros, crea una sensación de bienestar. La autocompasión, en cambio, implica *cuidarse* en vez de creer en uno mismo.

La autocompasión consta de tres componentes: autobondad, humanidad común y aceptación consciente. Aunque muchas personas con una alta autoestima también son autocompasivas, no todas lo son. La autocompasión, al contrario que la autoestima, puede ser clave para mantener la capacidad de resistencia frente a la adversidad. Como Mark R. Leary, profesor de psicología y neurociencia en la Universidad de Duke, Carolina del Norte, afirmó: «Si una persona sólo aprende a sentirse mejor consigo misma pero sigue culpándose cuando fracasa o comete errores, no estará en condiciones de hacer frente a sus dificultades sin defensa».

Necesitarás un cuaderno de prácticas. Busca una libreta en la que puedas dibujar o pegar fotografías o pegatinas, o simplemente elige un bonito diseño que te inspire a observar el libro, a leerlo y a usarlo de manera regular. Como queremos sembrar las semillas de la compasión, este cuaderno será tu parterre donde crecerán las primeras plantas que simbolizan tu autocompasión. Te guiará, te enriquecerá y te inspirará para que no te rindas, incluso cuando estés pasando por una mala racha.

Antes de tu primera práctica, anota en las primeras páginas por qué deseas descubrir y desarrollar la compasión y el amor propio. ¿Qué te lleva a iniciar este viaje?

Hay cierto beso que queremos

Hay cierto beso que queremos
con toda nuestra vida,
el tacto del Espíritu en el cuerpo.
El agua de mar le ruega a la perla
que rompa su concha.
Por la noche abro la ventana
y le pido a la luna que venga
y presione su cara contra la mía,
respira en mí.
Cierra la puerta del lenguaje
y abre la ventana del amor.
La luna no usará la puerta,
sólo la ventana.
Hay cierto beso que queremos
con toda nuestra vida.

Jalal al-Din Rumi
(1207-1273)

1 Plantar las semillas de la autocompasión

La compasión es algo que todo el mundo necesita y merece, e incluye la compasión hacia nosotros mismos.

Sharon Saltzberg (maestra de meditación) (1952-)

MI RECUERDO DEL NACIMIENTO de mi hermano es un tanto vago, pero sé que me dijeron que fuera amable y cariñosa con él. Cuando sólo tenía seis meses, agarré una enorme bola de chocolate del árbol de Navidad y se la metí en la boca. Durante un momento permaneció en silencio chupando mi regalo. Pero pronto empezó a gimotear en lugar de llorar (su boca estaba demasiado llena) y yo tan sólo lo miraba.

Mi madre pasó por allí, y al ver que algo iba mal, le sacó mi regalo de la boca. No estaba segura de cuáles habían sido mis motivos reales (yo tampoco), pero me explicó que la bondad era algo que ofreces a alguien con el fin de hacer que se sienta mejor.

No sé si quería ser amable con él; después de todo, era el nuevo bebé en brazos de mamá casi todo el tiempo. Aunque yo apenas tenía dos años, tenía una comprensión emocional clara de lo que significaba la bondad. Para mí, la bondad era una experiencia que me hacía sentir bien, querida, aceptada y amada.

La compasión es una habilidad que podemos aprender (gracias a Dios). Si realizas de una manera continua una serie de ejercicios de este libro, crecerá el área de tu cerebro que se activa mediante la práctica de la compasión, como podrás comprobar más adelante.

La curación emocional

La autocompasión puede ser la base para la curación emocional de muchas maneras. Comienza por traer tu conciencia a este momento, no vivas en el pasado y abandona los temores sobre el futuro. Cuando seas del todo consciente de este momento (donde tu vida está sucediendo realmente), tal vez sientas varias emociones difíciles, como inseguridad, falta de dirección, ansiedad, ira, tristeza, soledad, vergüenza y duda. No te juzgues por tener estas emociones porque son parte de nuestra experiencia humana. Reconoce lo que encuentres y responde lo mejor que puedas a cualquier reto con bondad, paciencia y comprensión. Recuerda: la vida va cambiando de manera continua y este momento también pasará, tarde o temprano.

La compasión hacia todo, por el contrario, fue descrita de este modo por el místico Thomas Merton apenas unas horas antes de morir: «La idea de la compasión se basa en una aguda conciencia de la interdependencia de estos seres vivos, que son todos parte de otros y están todos relacionados entre sí».

Cualquier persona puede desarrollar la autocompasión consciente. Es la práctica de atraer la bondad y la buena voluntad hacia nosotros de manera repetida, especialmente cuando sufrimos, tal como haríamos por quienes queremos cuando están decaídos y perdidos.

Cuando advertimos la necesidad de paz que hay en
el mundo, parece una meta imposible: hay guerras
en varios continentes, el equilibrio de nuestro entorno
parece estar cada vez más fuera de control y los
individuos deciden controlar de una manera agresiva
o incluso acabar con la vida de otros. Tenemos que
sobrevivir con cordura en este mundo frenético,
y eso puede parecer inalcanzable. Cualquier idea de
compasión se basa en que el otro no es el otro y que
yo no soy. En otras palabras, al amar a los demás me
estoy amando a mí mismo y, de hecho, me implico en
mi mejor, mayor y más completo interés propio. Es un
placer para mí ayudar a aliviar el dolor de los demás,
un dolor que también es mío. Hoy en día, existe una
necesidad aún más apremiante de reconocer cómo
la compasión está en los mejores intereses de todos,
y ésa es la cuestión de la supervivencia de nuestro
pueblo global común: amar a otros que son diferentes
a nosotros. Es amarnos mientras amamos a los demás. Es
amar las posibilidades del amor y la supervivencia.
Es un amor que lo impregna todo.

El *mindfulness* nos ayudará a revisar con paciencia
las áreas de nuestra vida carentes de quietud y paz.
Y también nos enseña a a que repitamos ejercicios de
meditación con paciencia y que empecemos de nuevo
a cada momento, incluso si hemos caído.

Bondad humana

El significado literal de la palabra *compasión* es «sufrir con». Paul Gilbert (destacado psicólogo británico galardonado con un MBE por su trabajo sobre la compasión aplicada a las personas con una enfermedad mental grave) la define, en esencia, como la bondad humana básica, con «una profunda conciencia del propio sufrimiento y del de otros seres vivos, junto con un deseo y un esfuerzo de aliviarlo».

Si te fijas en cómo los niños se preocupan por el dolor de su mascota o en una madre profundamente conmovida por el llanto de su bebé, obtienes una idea de cómo es la compasión. Cuando sucede, por lo general sientes una agitación en el corazón y el deseo de ayudar a quien sufre.

La verdadera compasión también muestra benevolencia (comprensión amable en lugar de duras críticas cuando otros cometen errores), y entendemos que es la condición humana a la que no se le ha aplicado ninguna compasión. Todos fracasamos y nos equivocamos en alguna ocasión.

En un artículo de 2011 en *The New York Times*, David Brooks hablaba de la teoría de la selección de Darwin. Sólo las especies fuertes tienen una oportunidad de sobrevivir y necesitan no sólo ser fuertes, sino también autobsesivos, o al menos egoístas. El ser humano es un claro ejemplo de egocentrismo. Brooks argumenta que *Homo sapiens* pelea por un estatus, un buen estilo de vida y una pareja atractiva, aunque de vez en cuando se oyen historias que no encajan en esta definición de ensimismamiento. Científicos, psicólogos evolutivos y neurocientíficos están realizando cada vez más investigaciones sobre la empatía, la compasión y el trabajo en equipo.

Incluso cuando nos centramos principalmente en nuestras propias necesidades y deseos, nos motiva recompensar la bondad con bondad para poder esperar ayuda cuando estemos tristes o en apuros. Las personas suelen recordar la generosidad y les atrae trabajar con quienes son amables.

Los grupos relacionados entre sí sin duda prosperan mejor. La cooperación es tan importante para progresar como para evolucionar. Michael Tomasello, autor de *¿Por qué cooperamos?*, descubrió que los niños ayudan a los demás e intercambian información. Hizo la misma prueba con chimpancés de una edad similar, que no actuaron del mismo modo. Los niños estaban dispuestos a compartir comida con extraños; los monos, no. Tomasello afirma que si un niño de catorce meses ve a adultos en apuros intentará ayudar, a diferencia del chimpancé. Así que podemos concluir que la mente humana se ha desarrollado de un modo distinto a la de los primates. Podemos cooperar, y lo hacemos. En su libro *The Righteous Mind*, Jonathan Haidt argumenta que somos «las jirafas del altruismo». Del mismo modo que la jirafa desarrolló un cuello más largo para sobrevivir, la mente humana evolucionó para incluir la moralidad y tener éxito.

Cuando experimentamos un trauma, a menudo tendemos a criticarnos («típico, este tipo de cosas sólo me pasan a mí») y a retroceder y aislarnos del mundo porque nos sentimos mancillados. Kristin Neff, profesora en el desarrollo y la cultura humana en la Universidad de Texas, y Christopher Germer, psicólogo clínico, creen que la autocompasión nos puede ayudar a sanar y dejar atrás las heridas físicas y emocionales que ha causado la experiencia traumática. Recomiendan la «autobondad», entender que mientras las emociones negativas pueden estar allí durante un tiempo, al final todo cambiará.

Cuando trabajaba para Amnistía Internacional, encontré informes de prisioneros que habían sufrido torturas. Era evidente que entre los tibetanos parecía haber muchos menos individuos con trastorno de estrés postraumático. Al entrevistarlos, varios compartieron su creencia común: por supuesto que estaban profundamente heridos por lo que otros seres humanos les habían hecho. Lo peor, sin embargo, era contemplar cuánto sufrían sus torturadores cada vez que recordaban sus terribles actos.

Práctica: la escritura compasiva

Muchos de nosotros no estamos satisfechos con nuestro aspecto, habilidades o aptitudes en algún momento de nuestras vidas. Ésta es una oportunidad de ser «irracional», de abandonar las frustraciones y de tomar la perspectiva de la autocompasión.

1 Anota todo lo que sientas sobre tus «imperfecciones» en una carta para ti mismo. Deja que todo salga a la superficie. Si necesitas usar un lenguaje fuerte o airear tu ira, ¡adelante!

2 Visualiza a alguien que realmente te quiera. (Si visualizar te resulta difícil, imagina su nombre escrito en tu corazón). ¿Cómo respondería esta persona si le leyeras tu carta? Imagina a este amigo amándote de manera incondicional, viendo cómo eres en realidad. ¿Cómo podría responder con palabras y hechos? Trata de ser realista; este amigo te conoce de verdad y si pensara que has participado en actos dañinos te lo diría.

3 Ahora anota una respuesta desde la perspectiva de tu amigo, de nuevo en forma de misiva. Entra en la sensibilidad de tu amigo, piensa en todo lo que podría mencionar mientras te sostiene con compasión en una conciencia, calidez y aceptación bondadosas y con la verdadera intención de ayudarte y amarte sólo por lo que eres.

4 Lee y relee la carta y siente cómo tu corazón responde a esta compasión y bondad. ¿Cómo te sientes? ¿Qué palabras o frases vienen a tu mente? Ésta es una muestra de autocompasión.

5 Lee tu carta cuando sientas que tus niveles de autocrítica están aumentando. Cuando no puedas hacerlo, simplemente recuerda el sentimiento de autocompasión que experimentaste la última vez que leíste la carta.

Práctica: sentir la música

Esta práctica fue inspirada por mi colega preparadora y profesora Helen Stephenson al recordar una reunión cuáquera a la que una vez asistió. (Aunque aquí el ser superior se conoce como «Dios», si sigues otro principio de espiritualidad o tu propio ser superior personal, la práctica aún puede ayudarte).

Cuando vayas a rezar a Dios no puedes olvidarte nada. Llevas en este momento cada persona, cada incidente, cada pensamiento, cada sentimiento que has tenido y cuando te postras ante Él también llevas todo eso. «Mi oración —dijo— en realidad es una frase: "Aquí estoy, qué caos"».

Madre María Clara, de las Hermanas del Amor de Dios, citada por Jack Nichols en *Smuggling to be Holy,* **de Judy Hirst (2008)**

El padre Jonathan leyó la cita anterior en la reunión matinal para el culto y Helen se sintió muy identificada. Ella había estado practicando meditación y yoga durante más de treinta años, había recibido asesoramiento y había reconocido que, a pesar de que podemos experimentar una profunda paz durante la meditación y sentir cambios a través de la experiencia (podemos llamarlo Dios, presencia), debemos reconocer que aún no ha cambiado nada. Como terapeuta, Helen diría que el cuerpo recuerda, incluso si nosotros no lo hacemos. Recuerda actos de bondad, así como de violencia. Recuerda cuando nos sentimos rechazados. De niños no éramos capaces de reflexionar sobre estos actos de dureza y rechazo. Nos sentimos heridos y rechazados, lo que ha permanecido con nosotros y todavía llevamos este sentimiento de disgusto en nuestras personas.

Pero hemos olvidado que en nosotros reside la presencia burbujeante de la vida o de Dios, si lo prefieres. Podemos aprender a sentir esta energía vibrante y alegre, y esto nos ayudará a recordar que somos amados. De hecho, este simple ejercicio nos ayudará a estar presentes en nosotros mismos; a nuestro cuerpo le gusta sentir la presencia de nuestra mente, como un niño que se relaja cuando siente la presencia amorosa de su padre o cuidador.

La práctica corporal musical puede ayudarte a relajarte, y es el primer paso para amarte. Dura unos 20-30 minutos. Practícala a primera hora de la mañana o por la noche antes de acostarte, con música instrumental suave y fluida. Elige una pieza con la que te sientas realmente conectado, o prueba una diferente cada vez. Estás invitado a sentir la música en cada parte del cuerpo y luego en todo el cuerpo en su conjunto. Céntrate en cada parte mencionada en la página siguiente durante aproximadamente 1 minuto (6-8 respiraciones). Las partes del cuerpo que se repiten (piernas, brazos, etcétera) van unidas.

Empieza a escuchar la música y siéntela en:

pies

tobillos

pantorrillas

rodillas

muslos

órgano reproductor e isquiones

caderas abdomen pecho

hombros

brazos

codos

antebrazos

muñecas

manos

cintura escapular/hombros

cuello

cara

cabeza

cuerpo entero

Cuando hayas terminado esta práctica, después de haber sentido la música a nivel celular, quédate con las sensaciones un rato más. Si es posible, sólo respira y sé. Sólo cuando te sientas preparado, anota de manera consciente en tu diario lo que has experimentado (esto es sólo para ti).

Amor (III)

El AMOR me hizo pasar; pero mi alma se apartó,
llena de polvo y pecado.
Mas el Amor atento, al observar mi vaguedad
desde la primera ocasión,
se me acercó más y más, preguntando con dulzura
si algo me faltaba.

—Un huésped –respondí– que merezca estar aquí.
Dijo él:
—Tú lo serás.
—¿Yo, el malvado, el ingrato? Ah, querido, yo no
    puedo ni mirarte.
El Amor tomó mi mano y sonriendo contestó:
—¿Quién hizo tus ojos sino yo?

—Cierto, Señor; pero yo los he estropeado: deja que
    mi vergüenza vaya donde le corresponde.
—¿Y acaso no sabes –dijo el Amor– quién quiere
    cargar tu culpa?
—Querido, entonces te serviré.
—Sólo debes sentarte –dijo el Amor–
    y probar mi carne.
Y me senté a comer.

George Herbert (1593-1632)

Este bello poema de George Herbert, convertido
en canción por el compositor inglés Ralph Vaughan
Williams (1872-1958), puede conmoverte profundamente;
parece una declaración de amor compasivo al hombre.
Hace hincapié en que lo único que necesitamos
para transformar nuestro ser en una compasión viva
es la voluntad de estar presente.

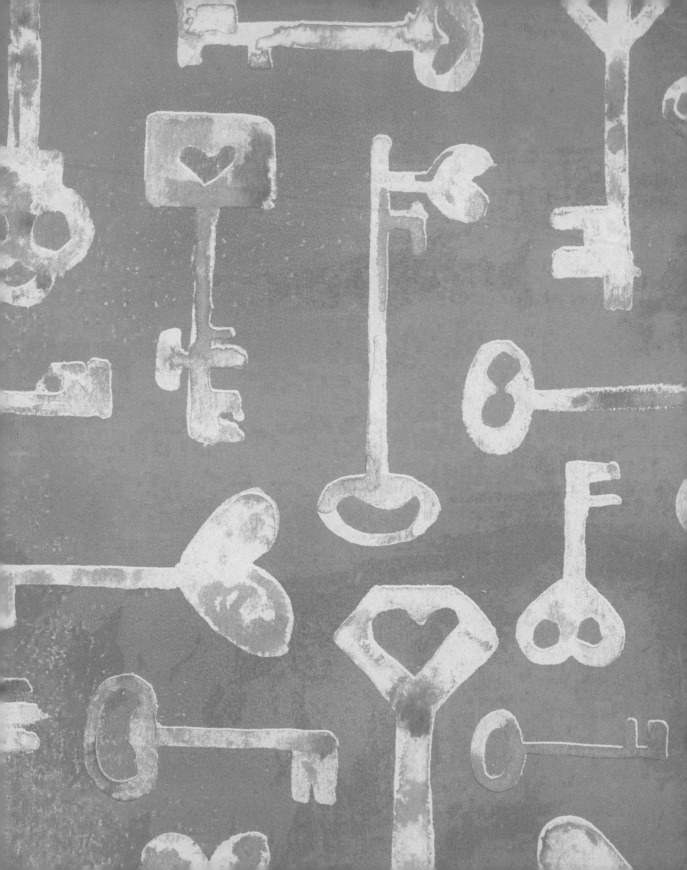

2 Compasión,
empatía y
generosidad

LA VIDA PUEDE SER UN RETO. Hace miles de años
los humanos vivían en pequeños grupos de unos treinta
miembros. Los mayores, los más frágiles o las embarazadas
atendían a los niños, cocinaban, conservaban el campamento
y cuidaban de los enfermos, mientras que los hombres y las
mujeres jóvenes y maduros cazaban.

Los mamuts, por ejemplo, se consideraban un gran regalo
(como lo son hoy las ballenas para el pueblo inuit).
Un solo espécimen podía alimentar a la tribu durante
mucho tiempo. Las mujeres recolectaban bayas y raíces,
pero también ayudaban a los hombres en la caza
de animales salvajes.

Hoy en día se trabaja mucho menos en equipo,
a menos que seas «oficialmente» seleccionado para
trabajar con otros o desees formar parte de un equipo
deportivo. El deseo de ofrecer ayuda real a los demás
sin exigir nada a cambio se considera imprudente.
Después de todo, vivimos en tiempos difíciles y nunca
se sabe cuándo puede ser útil algo. Así que la tendencia
general es acapararlo todo. Precisamente esta actitud
se ha reconocido como una enfermedad mental. Las
personas que acumulan se sienten más seguras con sus
cosas que con la gente. Junto a ellas, sin embargo, está el
acaparador general que, como la mayoría de nosotros,
tiene habitaciones, garajes, trasteros y cobertizos llenos de
cosas, ya sea para los casos de emergencia o simplemente
porque está demasiado ocupado para regalar
lo que le sobra.

La generosidad es el deseo de ayudar a otro tan sólo
porque deseas hacerlo. Compartes tu energía, tus
pertenencias, tu talento, tu tiempo y tus habilidades
con otros en lugar de reservarlo todo para ti, y lo haces
sin el más mínimo motivo oculto.

*Espero pasar por este mundo
una sola vez; así que cualquier
cosa buena que pueda hacer
o cualquier acto de bondad que
pueda mostrar, déjame hacerlo
ahora; no permitas que no lo
cumpla, porque no pasaré por
este camino de nuevo.*

**Atribuido sobre todo al misionero cuáquero
Stephen Grellet (1773-1855)**

Empatía

Cuando vivimos momentos angustiosos, el simple hecho de estar ahí para el otro es un bálsamo para nuestra alma. Si tienes que ir a una audiencia en la corte o al hospital para someterte a una intervención quirúrgica o para que te den un diagnóstico, una persona que te quiera querrá acompañarte. El acto de compartir la experiencia reduce la carga en tu corazón. La presencia empática es un acto reconfortante en sí misma. Sientes en lo profundo de tu conciencia que otros comparten las mismas necesidades que tú. Esto se llama empatía. La empatía tiene una parte emocional y otra de comprensión. Se inicia con el deseo de entender la situación de otro sin añadir ni quitar nada.

A veces puedes sentir la necesidad de hablar, incluso si la otra persona no tiene respuestas; la escucha empática puede ser una cura en sí misma. Esto se debe a que sólo por estar con otro que realmente presta atención, sientes que ha entrado en tu mundo de experiencias. La escucha empática puede ser desgarradora, sobre todo cuando escuchas y observas los miedos, las confusiones, la ira, la desesperación o incluso los traumas de otra persona. Simplemente estás ahí para otra persona que lo necesita, sin juzgar. Abrir tu corazón a las penas de otro es un acto de bondad desinteresado.

La empatía se suele transmitir sutilmente y de forma no verbal. Una simple mirada puede expresar que entiendes la desesperación del otro, y sujetar su mano cuando recibe malas noticias puede ser un gran apoyo.

¿Qué nos ayuda a conectar con tanta fuerza? ¿Es algo que aprendimos observando a otros cuando éramos jóvenes? La empatía la generan células cerebrales especiales llamadas *neuronas espejo*. Investigadores en Italia averiguaron que aprendemos a sentir empatía viendo e imitando a otros. Cuando vemos que alguien participa en un acto reconocible, nuestro cerebro piensa que también lo estamos experimentando. Los científicos aseguran que el cerebro puede simular una acción fisiológica de forma psicológica. El neurocientífico Vittorio Gallese, de la Universidad de Parma, afirma: «Este mecanismo neural es involuntario y automático […] no tenemos que pensar en lo que otras personas hacen o sienten, simplemente lo sabemos».

Este fenómeno tiene un papel vital en las relaciones. Las neuronas espejo indican que, en efecto, existe una conexión real entre ver algo y actuar en consecuencia, o experimentar algo y sentir las consecuencias. Estas células cerebrales son el alimento de la empatía. La razón por la que te apasiona ver jugar a tu tenista favorito, por la que deseas observar a grandes deportistas o actores con el fin de mejorar tu propio rendimiento o la razón de tu capacidad de identificarte totalmente con las situaciones y emociones de otras personas están todas relacionadas con las neuronas espejo. Así que, cuando le digas a un amigo que has «pasado por eso» y sabes lo que se siente, no son sólo palabras vacías. Estás, en efecto, sintiendo sus emociones, gracias a tus neuronas espejo.

El poder del amor

Gracias al amor las cosas amargas saben a dulce.

Gracias al amor los dolores se convierten en bálsamos curativos.

Gracias al amor las espinas se convierten en rosas.

Gracias al amor el vinagre se convierte en vino dulce.

Gracias al amor las piedras se ablandan como mantequilla.

Gracias al amor la cera se endurece como el hierro.

Gracias al amor el pesar tiene el sabor de la alegría.

Gracias al amor las picaduras son como la miel.

Gracias al amor los leones son inofensivos como ratones.

Gracias al amor la enfermedad es salud.

Gracias al amor los muertos vuelven a la vida.

Gracias al amor el rey es humilde como un esclavo.

Jalal al-Din Rumi (1207-1273)

Generosidad

Cuando realmente sientes y aceptas que todos los seres tienen necesidades y conocen la lucha de la vida, y quieres «abrirte» o ayudar a satisfacer esas necesidades, das un paso más y entras en el dominio de la generosidad. Ésta puede describirse como la aspiración deliberada de liberar y reducir la pena y el sufrimiento de otros.

La intención de beneficiar a otro no depende de la magnitud de la donación o del gesto que ofrezcas, sino más bien de su simple propósito. Probablemente estarás familiarizado con esto en el fondo de tu corazón. La mayoría de nosotros admiramos de verdad a aquellos que pueden dar sin pedir nada a cambio.

Rick Foster y Greg Hicks escribieron un libro que se llama *How we choose to be happy* (1999), en el que explican la historia de un filósofo español del siglo XII llamado Maimónides que escribió sobre «dar desde el corazón». Sugería que un acto de verdadera generosidad es ofrecer un punto de partida e incluso trabajar para que los necesitados aprendan a cuidar de sí mismos y tengan una oportunidad de independencia. En muchos sentidos, esto es lo que la beneficencia quiere lograr hoy en día: mostrar a la gente cómo construir un pozo y que aprenda a hacerlo por sí misma.

¿Cómo conduce la generosidad al bienestar? Incluso los niños saben intuitivamente cómo compartir y regalar un «abrazo», una sonrisa, una flor, un dibujo o cualquier otra cosa que hayan hecho. Dar nos hace sentir muy bien, a veces mejor que si recibimos.

Instituciones como el Instituto de Ciencias Cognitivas de Francia, la Universidad de Harvard en Estados Unidos y la Universidad de Ámsterdam en Holanda sugieren que la generosidad lleva a una mayor liberación de la hormona oxitocina. También liberada por madres que se encuentran en período de lactancia, reduce la presión arterial y los niveles de cortisol (la hormona del estrés), aumenta el umbral del dolor, reduce el miedo y estimula varias interacciones sociales positivas. También evoca sentimientos de satisfacción y disminuye la ansiedad. El cortisol desciende cuando estamos menos nerviosos, de modo que las facultades del cerebro pueden funcionar de una forma más eficiente. Muchos estudios, como los de las Universidades Rosock y Justus-Liebig, en Alemania, y la Universidad de Zúrich, en Suiza, han demostrado una correlación de oxitocina con una vinculación y una confianza crecientes. La generosidad nos conecta con otros y las relaciones sociales son una gran manera de aumentar nuestra alegría.

Las personas y su generosidad

Paul J. Zak, neuroeconomista en la Universidad Claremont Graduate, en Estados Unidos, desarrolló un experimento sobre la gente y su generosidad. Ya se había demostrado que la oxitocina provoca confianza hacia los demás, así que Zak se preguntó si también haría a la gente más generosa. Los participantes recibían al azar una cantidad de dinero (unos cuarenta dólares) y luego se les pedía que lo compartieran con otros participantes. Hacerlo o no dependía de ellos (si querían podían llevarse algo a casa). No podían saber lo que hacían los demás, así que tenían que tomar su propia decisión. La mitad de los participantes recibió oxitocina con un aerosol nasal y la otra mitad agua salada. La generosidad aumentó un 80% en el grupo que recibió oxitocina en comparación con el otro grupo. Cuando los participantes abandonaban el experimento, Zak les pedía que donaran parte del dinero sobrante para obras de caridad. Un tercio de los participantes actuó así, y donó un promedio de seis dólares. ¿Quién fue más generoso? Los que lo habían sido desde el principio. Quizá algunas personas producen más oxitocina y por ello son más generosas. Quizá donar y conectar produce más oxitocina, lo que la convierte en un medio útil para aumentar la alegría.

La generosidad se puede ver como una manera de mostrar que te preocupas por el bienestar de los demás (bondad amorosa). Puedes donar tu tiempo, compartir contactos útiles, ofrecer escuchar a los demás, ser mentor de alguien, dejar que alguien que tiene prisa se «salte la fila de espera» (*véase* la historia de Sue, pág. 78) o dejar que otros se bajen del tren antes que tú. Lo que nos conmueve es el amor, la bondad y la compasión que se encuentran tras el gesto, ya sea grande o pequeño.

Esto no incluye necesariamente ofrecer dinero y obtener una recompensa oficial mediante reducciones fiscales o un reconocimiento en las noticias o en la televisión. Por supuesto, es mejor dar que no hacer nada en absoluto, pero la dulzura en tu corazón sólo se toca cuando es sólo este último el que conoce el hecho amoroso. Por el contrario, cuando retenemos o «almacenamos» cosas, tendemos a «contraer» más y a temer perder posesiones o posiciones. El exceso de apego a las cosas puede provocar que suframos más que si nunca las hubiéramos tenido.

Veamos brevemente la noción de «apego» desde la visión filosófica del budismo: el desapego es quizás el punto de aprendizaje más importante de todo el constructo. El Dalai Lama dijo en una ocasión: «El apego es el origen, la raíz del sufrimiento; por tanto, es la causa del sufrimiento».

Cuando quieres practicar el desapego, nadas contra la corriente de la sociedad. Desde una edad temprana se nos enseña a ser mejor que los demás y a adquirir riqueza, posesiones y poder. Los niños todavía están libres de estos apegos, pero cuando entran a la escuela comienzan

a aprender cómo «excluirse» del resto y tener más éxito. «Deseamos» más y nos disgustan los que lo tienen. Todos estamos «invitados» a ser intrínsecamente egoístas. Rara vez se nos enseña que «nosotros, nosotros» podría ser un camino mucho más fácil en la vida que «yo, yo», pero entonces no seríamos especiales ni mejores y, por tanto, menos adorables que otros.

Comprender estos hechos nos puede ayudar a abandonar (al menos en parte) este camino de vida destructivo. Al entender que todos jugamos de algún modo al mismo «juego», aprendemos que sólo con compasión y perdón podemos comenzar a reducir este sufrimiento autoinducido. Esto no significa que no podamos disfrutar de una hermosa puesta de sol, una deliciosa comida o enamorarnos. La vida puede ser bella, pero tan pronto como queramos y debamos tener todas estas cosas hermosas continuamente, las destruiremos. El miedo a perderlas crea «sufrimiento». Así que vivir este momento lo mejor que podamos y ser conscientes de que pasará tarde o temprano es tal vez lo mejor que podemos hacer: experimentar, dejar ir y ser conscientes.

Si lo que compartes dibuja una sonrisa en la cara de otra persona, puedes recordar «la sonrisa» ¡y trasladarla a tu propio cuerpo! Incluso aunque a veces pienses que no tienes nada que dar o compartir, puede que olvides que una palabra amable o un agradable silencio es la acción que puede sacarte de tu propia tristeza y soledad. Si compartes puedes incluso descubrir tu propia riqueza y valor.

La generosidad puede ayudar a que te relaciones con tus pertenencias de un modo más ingenioso. ¿Haces un buen uso de ellas o alguien podría aprovecharlas más en este momento? Podrías ayudar a crear más abundancia si aprendiste a permitir que los objetos y la energía sigan adelante. Además, es posible que desees liberar algunas fijaciones de interés personal. Si donar te hace sentir bien, tiene sentido que ampliar tu capacidad de donar pueda hacerte sentir aún mejor.

Cuando vivía en China tenía una amiga que siempre era muy generosa. El hecho es que la admiraba por ello. Un día llevaba unos hermosos pendientes de topacio. Le dije lo bien que le sentaban y cómo combinaban con sus ojos azules. Cuando asistí a mi fiesta de despedida antes de regresar al Reino Unido, más de un año más tarde, me regaló una cajita. Cuando la abrí, casi no podía creerlo: me había regalado sus hermosos pendientes. Me sorprendió y al principio no quería aceptarlos, pero ella insistió diciendo: «Te quedarán incluso mejor a ti». Ella me mostró lo bonita que es la verdadera generosidad y siempre pienso en ella cuando me los pongo.

La generosidad es una manera poderosa de crecer y madurar con compasión.

Ute Bock

Una persona que ha dedicado su vida a los más necesitados es Ute Bock. Es una de las «mujeres pacifistas del planeta» (véase www.1000peacewomen.org). Reside en Viena, Austria, donde ayuda a los refugiados. Su lema es: «No es prudente establecer un grupo de personas desfavorecidas. Incluso si estas personas pueden, o se ven obligadas a regresar a su patria, es mejor que aprendan algo aquí».

Ute trabajó como asistente social y maestra hasta su jubilación en 2000. Empezó a hacerse cargo de inmigrantes adolescentes en la década de 1970. Aunque al principio eran hijos de trabajadores inmigrantes, más tarde empezó a acoger a refugiados adolescentes de países devastados por la guerra. Nunca rechazó a ningún joven, sin importar de dónde fuera. Cuando ya no pudo alojarlos ella misma, contrató y financió pisos para compartir para que vivieran en comunidad.

Desde que se jubiló, ha pasado casi todo su tiempo desarrollando una comunidad de cincuenta apartamentos que alberga a más de doscientos inmigrantes africanos y se conoce como «Mama África».

Ute utilizó su propia pensión, sus ahorros, premios económicos y donaciones para financiar su proyecto. Algunos la llaman la «Gran Dama de los parias», mientras que muchos consideran que es rara por invertir así su tiempo y su dinero. Me gusta este tipo de rareza: Ute no espera nada a cambio y se siente alegre con lo que hace.

Debemos dar del mismo modo que recibimos, con alegría, con rapidez y sin dudar; porque no hay gallardía en un don que se nos queda entre las manos.

Séneca (4 a.C.–65 d.C.)

Práctica: «reto» de generosidad

Trata de pensar de manera creativa cómo podrías dar más de lo habitual a los demás en cuanto a tiempo, habilidades y recursos. ¿Estás dispuesto a salir de tu zona de comodidad? ¿Tal vez a comprometerte con un pequeño gesto?

1   En tu diario, anota una cosa amable o generosa que podrías hacer todos los días durante una semana. Antes de empezar, valora tu estado de ánimo en una escala de 1 (muy bajo) a 10 (muy alto). ¿Cuál es tu estado de ánimo actual? Cuando hayas hecho una obra generosa al día, evalúa cómo te sientes. Trata de ser honesto y realista. Observa también cómo responden los demás cuando practicas la bondad.

2   Siéntate y piensa en alguien que te haya impresionado por su generosidad; puede ser un amigo personal, un famoso o incluso el personaje de una historia, una obra de teatro o una película. De pronto, *Un cuento de Navidad* de Charles Dickens viene a la mente: Scrooge se transforma volviéndose generoso. Si quieres, escribe los nombres de las personas que conoces o recuerdas que son generosas y de gran corazón y recuerda a qué tipo de obras se dedican.

3   Haz una lista de cosas y acciones que puedes ofrecer libremente sin vacilación, incluso a extraños. Después trata de hacer al menos una cosa cada día o cada semana (elige tu propio ritmo) y más tarde anota cómo sentías tu cuerpo, qué pensamientos surgieron y si lo volverías a intentar.

Práctica: desarrollar la generosidad

1   Siéntate cómodamente con un pañuelo sobre los hombros para evitar tener frío, y asiéntate en tu conciencia poniendo los pies en el suelo y concentrándote en la respiración durante un rato. Deja ir los pensamientos, imágenes, sensaciones y sonidos, y disfruta de la experiencia de descansar en calma.

2   Céntrate en visualizarte internamente presente en tu habitación favorita. Echa un vistazo alrededor y pasa tu mirada sobre todos los objetos que contiene. Recuerda cómo recibiste muchos de ellos como regalos. Puedes incluso recordar el lugar donde recibiste algunos de ellos y quién te los dio.

3   ¿Puedes volver de nuevo al momento en el que recibiste uno o varios de los regalos, la expresión en el rostro de la persona cuando te lo dio y lo que sentiste en ese momento? Cada ocasión tendrá su propio recuerdo. Tal vez incluso tú mismo te hiciste un regalo. ¿De dónde procede? ¿De qué está hecho? ¿Quién pudo haber sido parte del proceso de creación del regalo en primer lugar? Dilata tu mente en la medida de lo posible, para englobar a todos los que ayudaron a traerte este regalo.

4   Considera la idea de que sólo a través de la bondad de otros disfrutas de posesiones, sustento y educación. De hecho, todos trabajamos juntos para mantenernos vivos y bien.

5   Finaliza esta meditación recordando algunos de los generosos portadores de regalos y ofréceles bondad por medio de estas palabras: «Que todos estéis seguros y protegidos, que todos seáis dichosos, pacíficos y aventureros, y que todos viváis con facilidad y con generosidad».

Cuando tu corazón sigue sangrando

Sus ojos parecían demasiado separados, estaban muy metidos en sus cuencas y eran oscuros. Su mirada no era tranquila, numerosas arrugas diminutas cubrían su rostro, su piel era morena y curtida, como la de un granjero que trabaja en las montañas.

Muchas horas de sol, el mal tiempo y las lágrimas habían dejado sus marcas. Había muchas cicatrices en su mano izquierda. Era huesudo y sus hombros colgaban cansados. Olía a alcohol y a aire. Su olor de alguna manera pertenecía a sus ojos. Esos ojos tristes, que habían perdido tanto […]. Tomó en sus manos la guitarra. Sólo sabía dos acordes: C y C7. Los utilizaba para acompañarse cuando cantaba. No tenía fuerza para añadirla a esas canciones, pero sí una pasión interminable. Había también una actitud muy distinta en su actuación que te permitía sentir su corazón roto.

Me levanté y bailé una balada francesa. Su voz clamorosa, que, sin embargo, llenaba la habitación, olía como un vino oscuro del país, fuerte y pesado.

Un poco más tarde ambos nos sentamos en una mesa de madera en la terraza del albergue. Nos miramos a los ojos durante un largo silencio y toqué un poco la guitarra.

Luego empezó a narrar su historia en francés. Comprendí que había perdido a su esposa, a sus dos hijos y a sus padres en un accidente de tráfico hace un par de años. También el año pasado su único hermano y su familia se estrellaron y murieron.

Al perder en un año a todos los que le importan, a todos los que nacieron de la misma sangre […] quiso acabar con su vida; hay cicatrices en su mano. Pero en vez de morir hizo todo el camino a Santiago de Compostela y volvió. Su corazón todavía sangraba después de su regreso. ¡Vacío, tanto vacío! Seguramente Dios debe saber por qué y para qué. Tanto sufrimiento, tantas lágrimas. Nada de dinero.

Por la noche, se sentó una vez más a mendigar fuera de la iglesia. Él ama a Dios. Está una vez más en el viaje a Santiago. Nunca quiere volver a Francia. Sólo tiene cuarenta y cuatro años y, sin embargo, aparenta sesenta. Habla mucho, pasan casi dos horas. No puedo entender mucho, pero mis ojos escuchan con atención. Me cae bien. Entre nosotros hay una tristeza profunda pero entrañable. Me pregunta si me puede hacer una foto. Yo canto *The sound of silence* y le sonrío.

Por la noche lo veo una vez más. Le doy mi delicioso tocino tirolés ahumado y un poco de dinero para unos tragos que le hagan olvidar un rato. Una última mirada, el primer y último abrazo.

«A meeting on the way to Santiago de Compostela», de Lisa Kutmon

3 Yo, yo, yo
y ser lo bastante
bueno

La epidemia de narcisismo abarca un gran número de síntomas culturales, como aumento del materialismo, el derecho, la violencia y agresión pública, la autopromoción y el deseo de singularidad.

De *The Narcissism Epidemic*, Jean M. Twenge y W. Keith Campbell

UNA NUEVA EPIDEMIA ESTÁ INFECTANDO con rapidez a más y más personas. Amarnos demasiado conduce finalmente a pensar que podemos, en efecto, ser el «centro del universo».

Al investigar para su libro *The Narcissism Epidemic* (2009), los psicólogos americanos Jean M. Twenge y W. Keith Campbell averiguaron que cerca del 80 % de los estudiantes creen que son muy superiores a la media, más del 90 % de los profesores universitarios consideran que enseñan mejor que sus colegas y un número similar de conductores tienen la idea de que son más hábiles que otros en la carretera.

Twenge afirma: «Lo que realmente ha llegado a ser frecuente en las últimas dos décadas es la idea de que sentirse seguro de uno mismo (amarse y creer en uno mismo) es la clave del éxito. Lo interesante de esa creencia ahora es que está muy extendida y arraigada, al mismo tiempo que es falsa». En psicología, esta tendencia se llama narcisismo.

Mantener los pies en el suelo

En la mitología griega, Narciso era un joven que se enamoró de su propia imagen cuando se vio reflejado en el agua. El trastorno no es necesariamente obvio a simple vista. El narcisista parece enérgico, tiene una gran confianza en sí mismo, es elocuente y encantador y tiene mejores habilidades (lógica, conocimiento, sabiduría, inteligencia, objetividad) que la mayoría de sus iguales, pero parece distante a nivel emocional. Sobre todo carece de empatía y compasión por los demás, y se dirige a su meta elegida sin importar quién pueda interponerse en su camino. Para él, ser normal es como tener una enfermedad, la peor que se puede tener.

Si sigues a adolescentes, veinteañeros y treintañeros en Internet, te darás cuenta de que una y otra vez cuelgan nuevas fotografías de ellos mismos en sus redes sociales. Cuentan cuántos *tweets* o mensajes han recibido cada día, o incluso cada hora, y cuántos «amigos» y «seguidores» tienen. Esto, sin embargo, nos lleva al triste hecho de que los que se quedan fuera o reciben sólo unos pocos mensajes a menudo se sienten tan mal que pueden llegar a deprimirse, autolesionarse o suicidarse.

Incluso los niños más pequeños son criados con la creencia de que son más que especiales; puedes comprar camisetas de bebé con mensajes como «Me quiero» y «Yo + Yo», que motivan cierto tipo de conducta desde el principio.

Cada día podemos ver cómo gente famosa comparte su vida cotidiana en *reality shows* de televisión o en programas de entrevistas. Tenemos una obsesión con la belleza física, que a menudo conduce a intervenciones quirúrgicas con el fin de conseguir el aspecto perfecto. Todo ello aumenta el exhibicionismo y el hecho de centrarse en «yo y solo yo». Lo que queda en el camino es una actitud abierta a la autorreflexión y preocuparse de verdad por alguien más que por uno mismo.

Tarde o temprano, sin embargo, el ego aumentado provoca que otros se alejen y rechacen al narcisista. Las parejas y amigos necesitan conexión emocional, empatía, bondad y gratitud. Si no obtienen de manera regular estas respuestas se van, y de pronto la persona obsesionada consigo misma se queda sola, muy, muy sola. Esto a menudo conduce a la depresión y al suicidio como un acto final de venganza. Cuando un narcisista accede a psicoterapia, aún espera que el terapeuta cambie el mundo para él. Los narcisistas se encuentran entre los clientes más complicados.

Es extremadamente difícil y lleva mucho tiempo tratar este trastorno con éxito. Las meditaciones centradas en la respiración y en «bajar a la tierra» han mostrado buenos resultados a la hora de ayudar a quienes lo sufren a volver a conectar con todo su ser. A partir de entonces, es necesario enseñarles a mostrar compasión y bondad hacia los demás, por ejemplo, preguntando a sus parejas cómo están y qué han vivido hoy, o abrazando a sus hijos cuando están nerviosos y tristes.

Estudio de caso 1

En cierta ocasión traté a una joven que estaba profundamente impregnada de la autobsesión narcisista. Solía tener frío y necesitaba una manta y una bebida caliente. Lloró mucho por su novio, que no entendía que no pudiera lavarse el pelo ella misma y que sólo los peluqueros pudieran hacer esa tarea correctamente. No es que le importara que gastara su dinero, pero el hecho era que todas las actividades diarias, incluso los sábados, giraban en torno a sus citas en la peluquería. Tampoco era sólo el novio quien estaba molesto con ella, sino también sus amigas, que no entendían que se negara a salir un fin de semana o que sólo fuera a balnearios que tuvieran una peluquería.

Lo intenté. En realidad puse toda mi compasión en mi trabajo con ella, porque estaba sufriendo de veras. En varias ocasiones canceló citas de terapia en un plazo relativamente corto, pero yo sólo cobro a los clientes si las cancelaciones se producen menos de veinticuatro horas antes de la hora acordada y no están relacionadas con la salud. Así que, cuando canceló una vez más (una reunión de negocios; era una abogada muy bien pagada), le recordé mi política y le dije que esta vez tendría que cobrarle. Entonces me dedicó una serie de insultos y no me pagó ni concertó otra cita. Yo era su sexta terapeuta en dos años. A las pruebas me remito.

Estudio de caso 2

El encuentro con un cliente masculino planteaba retos interesantes. Era un hombre de aspecto imponente y muy inteligente. Tuvo un hijo en su relación anterior (pero ya no estaba en contacto con él), y tenía dos más en la actual. No podía entender por qué todas las mujeres eran tan exigentes. Decía que a veces estaba ahí y ayudaba, pero, en serio, ¿no era él quien debía traer a casa el dinero? Además, sus clientes eran poco realistas al esperar que él, un diseñador de interiores, hiciera el trabajo de la noche a la mañana. Decía que incluso deberían agradecerle que se molestara con esos pequeños y aburridos proyectos.

Pronto tuvo el encargo de resolver también los problemas de diseño de interiores de su terapeuta. Cuando le recordé amablemente que ésa no era una opción mientras estábamos trabajando juntos y que, además, me gustaba bastante mi estilo, sopló y resopló y se rio de mi estrechez de miras y por adoptar todas esas reglas como si estuvieran escritas en piedra. «Vamos —dijo—, ya nadie sigue las reglas». Sugirió que era realmente infantil.

A partir de entonces puso a prueba mis límites aún más y no se presentó a una cita, pero se disculpó. Le dije que esa vez no le cobraría, pero que si volvía a suceder lo haría. Más pronto que tarde, no acudió a la cita, así que le escribí y le expliqué que esperaba que hiciera cuentas si quería que siguiera trabajando con él. Se metió en el papel de «niño desagradable» y dijo que nadie podía decirle qué hacer, y que los peluqueros también perdían ingresos cuando los clientes no se presentaban. Yo le repetí que no iba a seguir viéndolo a menos que esta cuestión se resolviera. Prometió (a regañadientes) que pondría el dinero en un sobre, y adivina… eso nunca sucedió. Esto fue particularmente sorprendente, ya que también trabajaba por cuenta propia y se quejaba muchísimo cuando los clientes tardaban demasiado tiempo en saldar sus cuentas.

Encontrar el equilibrio

Incluso si no pertenecemos a la «élite de los narcisistas», hay otra manera de sentirse superior a nuestros iguales. Hablamos de otros a sus espaldas, buscando sus defectos y nuestras virtudes. El pasatiempo favorito de muchas personas es comprar revistas como *Hola* y ver a las estrellas o celebridades rellenitas en sus bikinis, en un «día de malos pelos» o saliendo de un club ebrias o agotadas. Encontramos cierto placer en ver a los demás en su peor momento, y eso alimenta los patrones de pensamiento negativo y la separación de los demás.

La naturaleza de un universo dualista suele mostrar que, a pesar de que algunos de nosotros a menudo nos sentimos «mejor» o «satisfechos» de un modo malsano al insultar a otros, tenemos la costumbre también destructiva de autocriticarnos y sentir de continuo que no somos suficientemente buenos. ¿Qué ocurre con las personas *no* prometedoras, hermosas, inteligentes, ricas o importantes? Muchas se sienten bastante desoladas, pensando que no son suficientemente buenas, porque parece que la lucha por la perfección es cada vez más normal. Así que para los que no son parte del «círculo interno» de los ricos, exitosos y guapos, por más que deseen estar en él, la vida es un reto constante, sobre todo porque el peor crítico vive dentro de tu mente. La autora y psicóloga Kristin Neff afirma: «El lenguaje de la autocrítica corta como un cuchillo».

Me gustaría presentar brevemente una forma de asesoramiento llamada Análisis Transaccional (AT) que se esfuerza por ayudar a los individuos a que encuentren su propio equilibrio, su propia firma única en la vida. Es un enfoque que enseña a ver la luz especial que puedes traer al mundo, de forma autónoma y espontánea.

El AT me parece muy útil para la autoconciencia y la comprensión compasiva. Se centra en tres «estados del ser», o roles, que son una parte inherente de cada individuo.

Todos nosotros nos movemos en los papeles de padres, adultos y niños. El de los padres crea y ejecuta normas, muchas de las cuales puedes haber aprendido de adultos importantes en tus años de formación. El adulto toma la decisión racional y el niño representa tu lado sensorial y emocional.

Cada aspecto refleja una vez más el dualismo universal mencionado antes. El padre puede ser educador o crítico, y el niño puede ser espontáneo, pero también egocéntrico e irresponsable. Como siempre en la vida, la ecuanimidad y el equilibrio te ayudará a experimentar la vida con más armonía, y es tarea del adulto alentarlos.

Los problemas ocurren cuando te estancas demasiado tiempo en cualquiera de estos «estados del ego». Mencionemos algunos ejemplos. Si no dejas de regañarte, pensando que no eres suficientemente bueno, presionándote tanto que ya no puedes más, puedes estar atrapado en el estado del «padre crítico». Si, por otro lado, siempre deseas tener todo lo que quieres, tanto tiempo como desees y te enfadas o explotas si escuchas un amable «no», puedes estar atrapado en el estado del «niño interior mimado». Por último, pero no menos importante, si eres tan equilibrado que puedes parecer aburrido, entonces el adulto se impone con demasiada frecuencia.

Por supuesto, sería más útil si pudieras observar compasivamente tu vida y transferir algunas de las ideas anteriores a los patrones que sabes que no te resultan válidos. Pero necesitas tener compasión con todas las partes que componen tu todo. El padre amable y benevolente supervisa y protege pero no extingue la llama, el adulto se preocupa y apoya tus acciones y el niño es salvaje, libre y creativo.

Dondequiera que vayas,
ve con todo tu corazón.

Confucio (551-479 a.C.)

Práctica: despegarse y reciclarse

1   En tu diario, crea tres columnas con los títulos «Padre»,
    «Niño» y «Adulto».

2   Anota debajo de cada uno tus patrones típicos
    de comportamiento y pensamiento, los que te sirven
    y los que se interponen en el camino o te causan dolor.

3   Elige dos colores: uno para los aspectos que deseas conservar
    y otro para los que quieres descartar.

4   Señala los patrones favorables y útiles con el color
    de «conservar» y los obstaculizadores y dolorosos
    con el de «descartar».

5   Por último, pero no menos importante, imagina que eres
    un detective y obsérvate actuando en la vida real. Cada vez
    que caigas en un patrón de comportamiento de «descarte»,
    piensa cómo puedes reemplazarlo por otro más útil.
    Usa un tercer color para la nueva conducta.

*La gente debería pensar
menos en lo que debe hacer
y más en lo que debería ser.*

Meister Eckhart, místico (1260-1328)

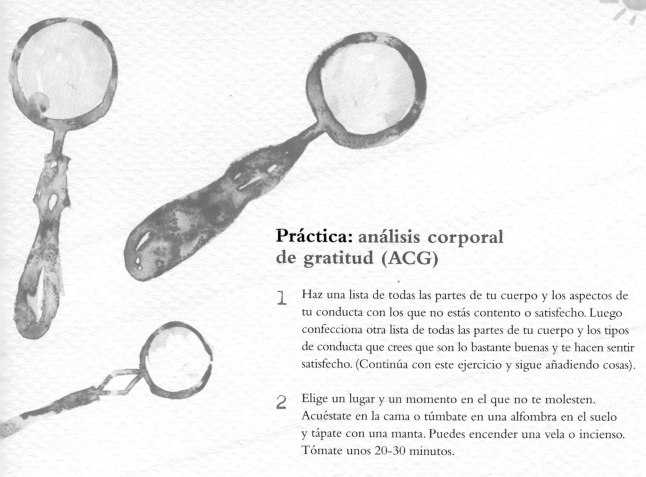

Práctica: análisis corporal de gratitud (ACG)

1   Haz una lista de todas las partes de tu cuerpo y los aspectos de tu conducta con los que no estás contento o satisfecho. Luego confecciona otra lista de todas las partes de tu cuerpo y los tipos de conducta que crees que son lo bastante buenas y te hacen sentir satisfecho. (Continúa con este ejercicio y sigue añadiendo cosas).

2   Elige un lugar y un momento en el que no te molesten. Acuéstate en la cama o túmbate en una alfombra en el suelo y tápate con una manta. Puedes encender una vela o incienso. Tómate unos 20-30 minutos.

3   Empieza por los pies y, poco a poco y con atención plena, sigue hasta el torso, hasta terminar en la cabeza. Cuando empieces con una parte del cuerpo, concéntrate en sentirla y luego da gracias por cómo te ha servido. No diferencies entre las «bonitas» y aquellas que preferirías cambiar. Da las gracias a cada parte por lo que te ha permitido hacer. Por ejemplo, agradece a tus pies por hacer posible que puedas caminar. Añade también al ACG las buenas acciones que podrías realizar debido a la funcionalidad de las diferentes partes de tu cuerpo. Así, con las manos, por ejemplo, quédate un rato sintiéndolas y luego añade: «Gracias, manos, por ayudarme a hacer galletas que dan alegría a mis amigos y vecinos».

Cada ACG será un poco distinto. Lo mejor que puedas, deja que cada práctica se desarrolle momento a momento; cuanto más notes lo mucho que las partes de tu ser te han ayudado, será menos probable que te centres exclusivamente en su aspecto físico.

Daisy Notanbuena

Había una vez una amable señora llamada Daisy a la que le entusiasmaba ayudar a los demás. Se levantaba por la mañana antes del amanecer y se duchaba. Mientras lo hacía, elaboraba listas en su mente, como lo que tenía que hacer por sus amigos y vecinos, a quién llamar para saber si necesitaba ayuda o qué programas de televisión ver para poder saber quién sufría y decidir quién era el próximo en necesitar su apoyo práctico o económico.

Era una mujer muy ocupada, como habrás adivinado, pero le complacía mucho ayudar a los demás. Después de todo, reflexionaba, muchas personas son egoístas y codiciosas y sólo viven una vida sin un fin. «No me gustaría una vida así», solía pensar para sí misma.

Cada día se miraba al espejo y sonreía. Se decía: «Bueno, nunca ganaré un concurso de belleza; mis ojos son demasiado pequeños, mis labios demasiado finos, mi nariz demasiado grande, mi pelo demasiado mustio, mis piernas demasiado cortas y mis pies demasiado grandes. Pero, ¿quién necesita un premio pudiendo hacer felices a los demás?».

Un día se levantó a las cinco de la mañana, como de costumbre, y tomó su ducha diaria. «Qué raro —pensó—, tanto el agua como el radiador están helados». Pero pronto pensó en sus listas y terminó su ducha fría en un momento. Cuando trató de prepararse una taza de té, se dio cuenta de que la electricidad tampoco funcionaba. Pensó: «Bueno, pondré una olla en el hornillo de gas y haré gachas y té de esta manera».

Así que salió de casa antes de las seis y empezó su habitual ronda de tareas elegidas. Le llevó comida a un indigente que acampaba en el parque. Fue a casa de la señora Smith, una mujer de noventa y tres años postrada en su cama. La aseó y la vistió, le hizo el desayuno e incluso le leyó un poema. Luego se dirigió a la iglesia para limpiar las sillas y el suelo y regar las flores, y demás… y había oscurecido y ya eran más de las seis cuando llegaba a casa. Se dio cuenta de nuevo de que su piso estaba muy frío, pero pensó que era demasiado tarde para llamar a alguien para pedir ayuda. Ni siquiera la televisión funcionaba, así que sólo se comió un sándwich y se fue a la cama muy cansada, como de costumbre.

Estuvo tres días y tres noches sin calefacción. El cuarto día se despertó sintiendo mucho calor y pensó: «Gracias a Dios, la calefacción ya funciona». Por desgracia, estaba equivocada. Tenía un resfriado muy fuerte. Empeoraba cada vez más, pero continuó con sus deberes. Finalmente, el quinto día por la mañana, decidió llamar a su vecina, ya que apenas podía levantarse de la cama. Cuando la señora Cross tocó el timbre y Daisy abrió la puerta se quedó sin aliento al verla: «Daisy —dijo—, «¿qué te has hecho? Oh querida, oh querida».

Daisy no recuerda mucho después de eso, pero de pronto, o al menos eso parecía, se despertó en una cama de hospital y estaba muy preocupada. Pensó, entre otras cosas: «¿Quién va a alimentar al hombre del parque, quién ayudará a la señora Smith, quién regará las flores?».

El Dr. Todobien fue a verla. Daisy se sorprendió al escuchar que tenía una infección muy mala en el pecho y no podía volver a su ronda de tareas por lo menos durante una semana. Ella lloraba desesperada. El Dr. Todobien dijo: «Daisy, no suelo dar consejos, pero esta vez voy a hacer una excepción. La señora Cross me habló de usted, de su bondad y de cómo aparentemente ha

estado a punto de llevarla a la autodestrucción. Hemos
encontrado cinco voluntarios que están a cargo de sus
deberes para que pueda recuperarse y sentirse en paz.
Pero ser demasiado buena podría haberle costado la vida,
¿y a quién habría beneficiado? A nadie, y menos a usted».

Daisy sólo murmuró: «Yo no me importo mucho.
Nunca destacaré por mi belleza: mis ojos son demasiado
pequeños, mis labios demasiado finos, mi nariz
demasiado grande, mi pelo demasiado desvaído, mis
piernas demasiado cortas y mis pies demasiado grandes.
Así que pensé que debía ser buena, para estar contenta
por algo».

El Dr. Todobien le contestó: «Escúchame, Daisy.
—Parecía muy severo y serio—. A menos que empiece
a ser buena con usted misma en este momento, no
podrá volver a ser buena con los demás». Luego sonrió
y la abrazó, y Daisy sonrió y le devolvió el abrazo.
Él dijo: «Tiene una hermosa sonrisa y un
corazón hermoso. Creo que es la mujer
más hermosa que he conocido en
mucho tiempo».

Ésta es una historia que podría
conectar con la curiosidad de tu
niño interior. Ésta es la parte de
ti que puede estar más
abierta al cambio y la
comprensión.

Práctica: el crítico interno, la víctima y el observador compasivo

Adaptado y desarrollado a partir de *Self-compassion*
(stop beating yourself up and leave insecurity behind)
de la Dra. Kristin Neff (2011)

1   Coloca tres sillas en círculo. Si te resulta más fácil,
pon cojines o algo más en la silla en la que no te
sientes para que parezca ocupada.

2   Piensa en un aspecto de tu comportamiento
o capacidad, o busca lo que tú mismo
sueles criticar.

3   Visualiza tu crítico interior sentado en una silla
(podría parecerse ligeramente a ti, sólo más duro
y más cruel; como alternativa, si tuviste un adulto
crítico en tus años de formación, podría ser él).
Luego imagina en la segunda silla el centro de
tu corazón, el observador compasivo (que podría
tomar la forma de una persona que te ama
incondicionalmente o un humano o espíritu amable
que te desea lo mejor). Siéntate en la tercera silla.
Eres el perjudicado, el que sufre.

4   Ahora piensa en un problema reciente
que te haya costado superar; por ejemplo,
crees que tu presentación en el trabajo no fue
bien porque nadie planteó preguntas y tampoco
nadie te felicitó.

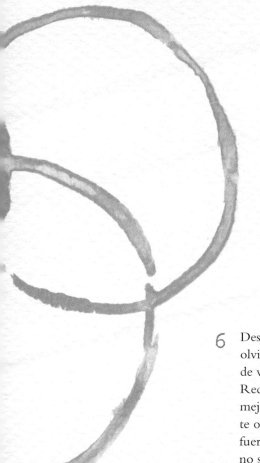

8   Anota en tu diario cómo te sientes después de
la primera, la segunda y la tercera comunicación.
¿Cómo te sientes ahora, después de haber escuchado
a los tres?

7   Esta vez te toca a ti: dile al crítico interno lo herido
que te sientes y trata de participar en lo que el
observador compasivo te sugirió: «La verdad es que
no me gusta que sólo veas lo malo o las cosas "no
lo bastante buenas". No quiero que me dañes o me
critiques más. No necesito escucharte. Tus palabras
no son del todo ciertas; realmente lo creo. Estoy
muy contento de haber conseguido hacer todo el
discurso sin tartamudear. Creo que proyecté bien
la voz. Incluso me las arreglé para contar un chiste
y tal vez sólo se fueron porque querían tomar el
último tren para llegar a casa. Tienen que volver
a trabajar mañana por la mañana. Vamos a ver qué
respuesta puedo obtener entonces».

6   Después escucha al observador compasivo: «¿Has
olvidado cómo la mujer de la primera fila se rio
de veras unos minutos cuando contaste el chiste?
Recuerda cómo te aplaudieron al final. Lo hiciste lo
mejor que pudiste. Estoy orgulloso de ti. Además, ¿se
te ocurre alguna otra razón para que el público se
fuera rápidamente después de hablar? Inténtalo, y si
no se te ocurre ninguna, te ayudaré, ¿vale?».

5   Escucha lo que el crítico interno tiene que decir:
«Bueno, por supuesto, tú, presentador pésimo, fuiste
aburridísimo; tienes suerte de que al menos algunos
de ellos se presentaran».

Las raíces de las lágrimas

Deja que tu alma oiga cualquier grito de dolor.
Como un loto lleva a su corazón a beber el sol.
No dejes que el sol seque una lágrima de dolor antes
    de que la hayas enjuagado del ojo de la víctima.
¡Pero que cada lágrima humana ardiente caiga en tu
    corazón!
Y que permanezca ahí, no la seques hasta que el
    dolor que la causó desaparezca.

Meditación védica

La compasión es un verbo

Thich Nhat Hanh, monje budista

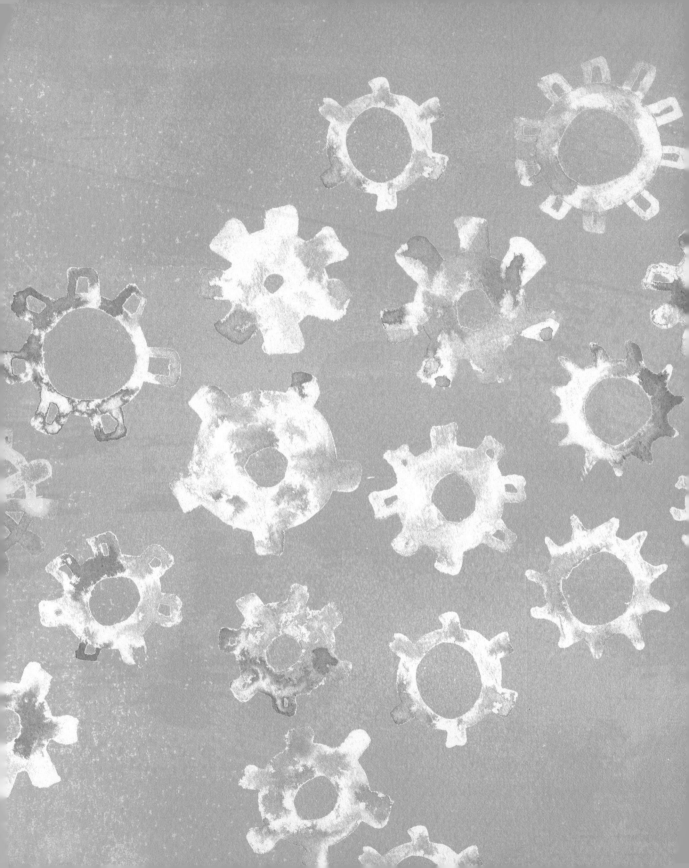

4 El cerebro compasivo

PAUL GILBERT, EMINENTE INVESTIGADOR y profesor
de compasión, afirma que la Madre Naturaleza quiso
dotarnos de un cerebro que reaccionara con rapidez
frente a la amenaza e incluso recordara o previera
situaciones peligrosas; así pues, nuestra especie sobrevivió.
Pero a la Madre Naturaleza no le interesaba en realidad si
lo pasábamos bien mientras sobrevivíamos. Generar con
tanta celeridad una respuesta de «lucha o huida» no nos
ayuda a vivir con calma y alegría.

Hace unos treinta años, la mayoría de neurocientíficos estaban convencidos de que el cerebro adulto era un producto «acabado» que sólo empeoraba con el envejecimiento o los infartos, pero se trata de una visión totalmente anticuada. Hoy en día se sabe que, por su neuroplasticidad, el cerebro puede seguir evolucionando siempre que se le estimule y se use. Por ejemplo, un estudio realizado por Elizabeth Hellmuth Margulis en la Universidad Northwestern, en Estados Unidos, con imágenes de resonancia magnética (IRM) de violinistas que practicaban varias horas al día, mostró que crecían más las áreas del cerebro que controlaban el movimiento de sus dedos.

Margolis advirtió que: «Hay muchos estudios que muestran que los cerebros de los músicos tienen diferentes redes que los de personas que no han tenido una formación musical».

En otro experimento, los violinistas y flautistas escucharon música de violines y flautas durante una resonancia magnética. Margolis averiguó que el cerebro de los violinistas, al escuchar el violín, era igual que el de los flautistas al escuchar la flauta. Su intensiva contribución había creado su red especial.

¿Puede cambiar el cerebro?

En 1994, el neurocientífico y profesor Richard Davidson entró a formar parte del Instituto Mente y Vida (*véase* pág. 75), y junto a su equipo intentó estudiar aspectos del cerebro neuroplástico. Quería saber qué le ocurría a un cerebro (como el de un monje tibetano) si se exponía a miles de horas de meditación, y planteó la hipótesis de que la meditación provocaba cambios plásticos en el cerebro. ¿Cambiaría ese cerebro sólo temporalmente al responder a desencadenantes meditativos, o podría incluso cambiar a nivel estructural? Pasó mucho tiempo antes de que pudiera iniciar esta investigación de la manera adecuada.

En 2001, Su Santidad el XIV Dalai Lama visitó a Davidson en su laboratorio. Su Santidad le ofreció ayuda, y al parecer le fascinó la idea de observar «científicamente» lo que los practicantes de meditación budista habían conocido a través de su experiencia personal durante al menos dos mil quinientos años. La meditación te cambia: cómo piensas, cómo te comportas y, sobre todo, cómo te sientes. Hasta la innovadora investigación de Davidson, «Perspectivas budistas y psicológicas sobre las emociones y el bienestar», publicada en *Current Directions in Psychological Science* en 2005, sólo sabíamos que la práctica regular de meditación

consciente o compasiva cambia tus reacciones ante la amenaza: estás más calmado, respondes con más sabiduría y vuelves a un estado de equilibrio con más rapidez.

Davidson era considerado un idealista por querer demostrar no sólo qué estados mentales, como la alegría, la empatía y el entusiasmo se podían enseñar, sino también que estas habilidades cambiarían el cerebro de forma significativa si se practican regularmente, incluso, si se quiere, hasta el final de los días. Su objetivo era promover la posibilidad de que dichas prácticas no sólo podían curar el desequilibrio mental, sino también mejorar la salud mental y emocional de cualquier persona.

Del mismo modo que cepillarse los dientes, comer cinco raciones de frutas y verduras y el ejercicio regular son hoy en día medios aceptados para mantener y mejorar la salud física, estas prácticas meditativas algún día podrían ser prescritas como una habilidad para la vida diaria para estar mentalmente fuerte y bien. En 2005, Davidson y sus colegas quisieron otorgar intervenciones preventivas y positivas a quienes aún no habían desarrollado ningún síntoma de enfermedad mental. Querían promover el hecho de estar bien, no sólo ponerse bien.

Cómo afecta la meditación compasiva al cerebro

Uno de los primeros experimentos del profesor Davidson, de la Universidad de Wisconsin–Madison, se realizó con no meditadores. Explicó a algunos de ellos que cuando vieran una «imagen de sufrimiento» tendrían que centrarse en la compasión: «Tener la aspiración de que esta persona puede llegar a estar bien, feliz y libre de sufrimiento». Mientras estas personas estaban siendo monitorizadas en una imagen de resonancia magnética funcional (IRMf), se les mostró la fotografía de un niño con un tumor enorme en el ojo. Los que no habían recibido explicaciones previas tuvieron una respuesta emocional de repulsión y una fuerte señal de activación de la amígdala (el «centro de control» del cerebro que responde a emociones destructivas como sufrimiento, pánico, irritación y preocupación, y activa la respuesta del estrés). Sin embargo, los participantes a los que se les pidió que fueran compasivos (sólo una aspiración sin formarlos en la compasión) tuvieron una señal reducida en su amígdala. Así que la modulación se podía lograr con entrenamiento mental, y cuanto mayor fuera, más cambios se esperarían.

Matthieu Ricard tiene un doctorado en genética celular y abandonó Francia para estudiar el budismo en el Himalaya y Nepal hace más de cuarenta años. Suele ser el traductor de francés del Dalai Lama y, como científico preparado, ansiaba participar en los experimentos de Davidson.

Los experimentos empezaron con el electroencefalograma (EEG), una técnica que mide la actividad eléctrica del cerebro mediante pequeños electrodos colocados en el cuero cabelludo.

Los monjes tibetanos tienen la cabeza rapada, así que no hubo problemas para colocar los 256 electrodos en el cuero cabelludo de Ricard. Ricard, otros siete monjes y un grupo de control de ocho personas que no meditan regularmente, pero que asistieron a un curso introductorio de una semana a la meditación compasiva, fueron observados mientras meditaban con la intención de «compasión ilimitada» hacia todos los seres. Así no se centrarían en una persona concreta y su sufrimiento, sino en la humanidad en general, que es un concepto mucho más abstracto. Los participantes fueron instruidos para que pasaran de meditar a no meditar.

Cuando Davidson analizó los datos recogidos, observó que se había producido un fuerte aumento de las ondas gamma durante la meditación compasiva. Las lecturas reflejaban la activación de un esfuerzo mental y los circuitos cerebrales remotos estaban conectados (en términos simples, reúnen diferentes aspectos de la conciencia sensorial: vista, tacto, oído, olfato, para ayudar al cerebro a identificar un objeto, como una manzana o un gato).

Cuando Ricard empezó a meditar, sus ondas gamma aumentaron de inmediato, pero incluso cuando dejó de hacerlo (y durante los períodos de transición) no se redujeron. El aumento de la actividad de las ondas gamma era mayor que cualquier otra medida jamás presentada.

Los otros monjes también tuvieron grandes aumentos de cinco minutos de duración en lugar de los milisegundos esperados. El cerebro de los monjes era diferente, los cambios soportaban cualidades cerebrales que crearon un estado compasivo duradero. Davidson averiguó que cuanto más tiempo y más a menudo había meditado un monje (algunos habían pasado tres años en retiros de silencio y habían meditado durante más de cincuenta mil horas), más significativos eran los cambios en el cerebro. También fue interesante que el grupo de control tuviera leves pero significativos aumentos en las ondas gamma, un hecho inesperado, ya que sólo recibieron un pequeño entrenamiento de meditación compasiva.

Ricard se ofreció entonces a participar en otro experimento utilizando un escáner IRM. Una vez más, iba a pasar de la práctica de la compasión a un estado neutral durante varias veces. Los otros participantes hicieron lo mismo. Se añadió un elemento adicional: de vez en cuando oirían un grito. Cuando meditaron con compasión, se produjo una respuesta más significativa al escuchar el grito que cuando no meditaron. ¿Era ésta una prueba de que los estados mentales compasivos respondían con más profundidad al sufrimiento de otro?

El cerebro de los monjes mostró una activación mayor en varias regiones. Una de ellas era la corteza cingulada anterior (CCA), responsable de las funciones cognitivas y afines, así como de la toma de decisiones, la empatía y las emociones reguladoras. Además, su cerebro mostró mayor

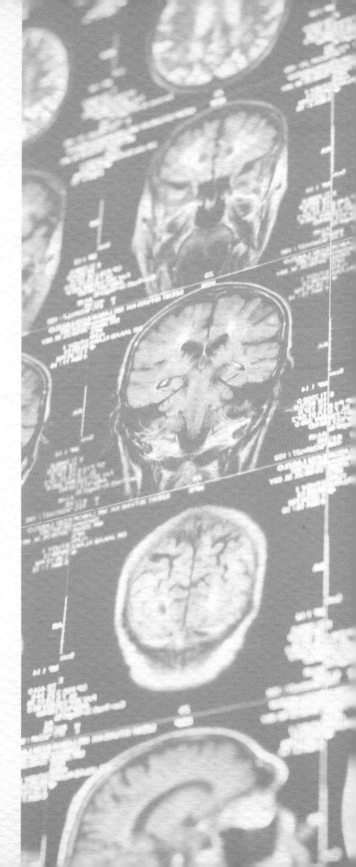

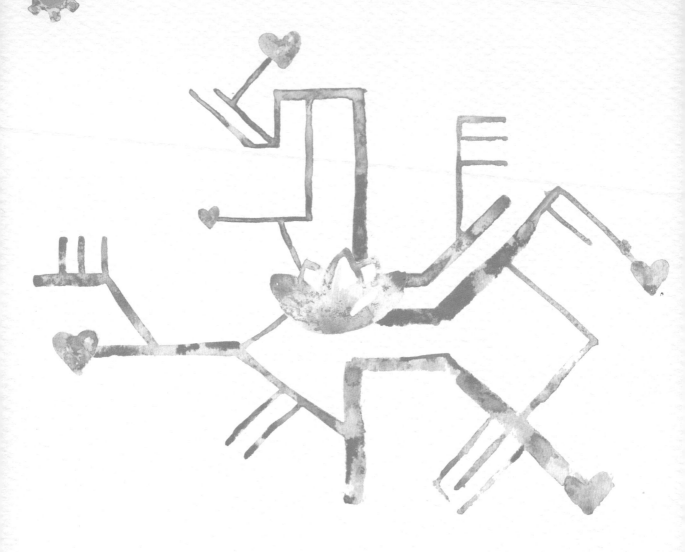

actividad en las regiones usadas para el movimiento previsto. ¿Estaban quizás listos para ayudar a los desconocidos que estaban sufriendo? Davidson describió estos hallazgos al Dalai Lama, y están registrados por la escritora científica Sharon Begley en su libro *The Plastic Mind* (2007): «Parece que tienen una disposición a actuar ante el sufrimiento […] les mueve la compasión». Ricard añade: «Es un estado de total benevolencia, de total predisposición, sin limitaciones».

Por último, se activó otra área, y escribir esto me hace sonreír: se iluminó la parte de la corteza prefrontal (CPF) asociada con la felicidad. Ricard ha recibido el nombre de «el hombre más feliz del mundo» porque él también tiene una amígdala que se ha reducido del tamaño de una almendra al de una pasa. Puede permanecer inmóvil cuando se produce un ruido intenso (como un portazo o un disparo) cerca de él. Y sonríe la mayor parte del tiempo, igual que el Dalai Lama y los otros monjes;

además, sus sonrisas parecen auténticas. Tras haber estado muy cerca de Ricard y del Dalai Lama en dos eventos diferentes, honestamente puedo decir que *sentí* sus sonrisas.

Richard Davidson afirmó en una entrevista con el neuropsicólogo Rick Hanson que cuando acompañó al Dalai Lama a través de un pasillo de hospital donde había muchos enfermos de pie o en sillas de ruedas, el Dalai Lama se detuvo ante cada uno de ellos y les sonrió. Un paseo que debería haber durado cinco minutos duró cuarenta y cinco. Pero tal es la fuerza de la compasión que la energía en el pasillo vibraba con bondad, una experiencia que literalmente se siente.

En resumen, la meditación compasiva no «genera afecto, empatía y el deseo de ayudar a otros. Esto indica claramente que la meditación cambia la función del cerebro de forma duradera». Davidson continúa: «Como neurocientífico, debo creer que practicar meditación compasiva cada día durante una hora […] cambiaría tu cerebro de forma importante». Así que recomienda empezar, aunque sólo sea unos minutos, a tener compasión por ti mismo, por alguien a quien ames o incluso por una mascota. Planta esa semilla y riégala con regularidad. Se produjo un claro cambio en el grupo de control descrito anteriormente, que practicó durante sólo una semana.

No estamos anclados. El cambio es posible, el cerebro es adaptable y podemos y debemos cultivar la actitud de compasión hacia los demás.

El Instituto Mente y Vida

El Instituto Mente y Vida es una institución benéfica que tiene como objetivo estudiar la mente humana y los beneficios de la meditación. Analiza el conocimiento experimental de las tradiciones contemplativas del mundo y los hallazgos de la investigación científica contemporánea. En definitiva, su objetivo es reducir el sufrimiento humano y mejorar el bienestar. Sus valores son:

• amor, *mindfulness* y compasión
• confianza e integridad
• trabajo en equipo y colaboración
• impecabilidad y mejora continua
• comunicación abierta y transparencia

El Instituto Mente y Vida ve el potencial de un mundo que comprende plenamente la importancia de entrenar la mente en formas que reducen el sufrimiento y apoyan la paz individual y planetaria, la salud, el bienestar y la colaboración. También espera que todo el mundo tenga acceso a prácticas de salud mental y emocional. Para lograrlo, se dedica a la investigación científica para comprender cómo los humanos pueden entrenar su mente con el fin de desarrollar las cualidades mentales descritas en los valores anteriores. El instituto celebra reuniones regulares para discutir sus hallazgos, que también se publican.

La Junta Directiva incluye a Su Santidad el XIV Dalai Lama, al profesor Richard Davidson, al Dr. Daniel Goleman y al Dr. Jon Kabat-Zinn.

Práctica: meditación con bondad amorosa (Metta)

Esta meditación es la última práctica que Buda recomienda a sus alumnos. Puede ser la más importante para ti y tu bienestar emocional, y es una herramienta muy poderosa para la transformación. Hay muchas versiones diferentes. Puedes cambiar la redacción de esta práctica hasta que te sientas bien y puedas «poseer» las palabras y sentir que son congruentes con tu tipo de pensamiento y comunicación.

Antes de empezar, busca un lugar tranquilo y asegúrate de que tengas la temperatura adecuada en el ambiente y estés cómodo. Puede ser útil pensar en una historia o experiencia de compasión para que puedas crear el sentimiento de amor y empatía en tu corazón. Ahora olvídate de la historia y visualiza en el centro de tu pecho, tu corazón «emocional», una imagen de ti mismo como eres ahora o como eras de niño, tal vez con el apoyo de otro ser querido. Si la visualización te resulta difícil, intenta sólo ver tu nombre escrito en el centro de tu corazón.

La práctica Metta comienza con la intención pura de desear aumentar la autocompasión desde dentro. Es como plantar una semilla que crecerá con la práctica regular.

Poco a poco, día a día, y semana a semana, amplia esta práctica. En la segunda semana, después de meditar sobre ti mismo, añade a alguien a quien ames y que te preocupe:

«Que estés seguro y protegido».

«Que estés en paz».

«Que vivas tranquilo y con bondad».

«Que esté seguro y protegido».

«Que esté en paz».

«Que viva tranquilo y con bondad».

Por último, amplía la práctica aún más para incluir
a personas que apenas conozcas, gente que puede haberte
causado irritación o daño:

«Que todos los seres estén seguros y protegidos».

«Que todos los seres estén en paz».

«Que todos los seres vivan tranquilos y con bondad».

Metta empieza con la mera intención de la bondad amorosa, y persistir
en esta práctica puede acentuar en gran medida nuestra experiencia de
vida, alegría y sentido. Si cada uno de nosotros pudiéramos tocar a «otro»
mediante esta práctica, el mundo sería, en efecto, un lugar más seguro,
más amable y más pacífico en el que vivir.

Así que, si quieres simplificarlo, prueba lo siguiente:

«Deseo estar protegido de cualquier daño».

«Deseo estar tranquilo y feliz».

«Deseo ser bueno y compasivo».

Puede ser suficiente visualizarte y pensar de manera
repetida en palabras como «paz», «bondad», «protección»
y «seguridad». No dejes que ningún término complicado
bloquee el camino de tu intención. También puedes
visualizar símbolos que representan tu intención en vez
de palabras: quizá un corazón (bondad y compasión),
sostener la mano de un amigo (seguridad), o ver sonreír
a un ser amado (alegría). Para la armonía, visualiza a un
pacificador como Gandhi (o alguien que conozcas
sólo tú) o una paloma blanca. Sé tan creativo como
puedas y sigue practicando.

La historia de Sue

La siguiente historia ilustra cómo un monje compasivo transmitió sabiduría e invitó a alguien que sufría a que ofreciera compasión a los demás para que aprendiera qué era autocompasión. Sabía por experiencia que eso ayudaría a su visitante más que cualquier otra cosa que pudiera ofrecerle. La investigación descrita anteriormente en este capítulo también muestra que cuando nos implicamos en la compasión por los demás, se fortalecen las zonas del cerebro responsables de la autocompasión, y viceversa.

Sue sufría desde hacía varios años una enfermedad que hacía que sus músculos se debilitaran. No sólo dependía cada vez más de una silla de ruedas eléctrica, sino que también padecía un dolor insoportable durante todo el día. La medicina occidental no tenía nada más que ofrecerle.

Así, cuando un amigo le habló de un monje tibetano que estaba visitando brevemente su ciudad, se emocionó ante la posibilidad de encontrar consuelo. Era muy conocido por su formación en medicina tibetana Dur Bon y por curar con éxito casos en los que la medicina occidental había fracasado. Concertó una visita con el monje. Cuando llegó, él sonrió amablemente y ella empezó a hablarle de sus años de sufrimiento. Después de un rato, él la interrumpió con educación. Su mensaje era simple: «Céntrate menos en tu propio sufrimiento y trata de ayudar todos los días al menos a otro ser que sufre». Ella se sintió confundida al no recibir nada más que este consejo.

De camino a casa, tenía que hacer la compra. Podía apañárselas llevando una pequeña cesta sobre las rodillas y alcanzando los productos de los estantes inferiores. Cuando llegó a la caja, había mucha gente esperando. La mujer que tenía detrás empezó a quejarse de que nunca había suficientes cajas abiertas y que siempre terminaba en la cola de espera más lenta, en especial cuando apenas tenía tiempo para hacer la compra. Pronto la mujer se había convertido en el centro de atención de toda la tienda. Sue advirtió que le irritaba. Pensó para sí misma: «Por lo menos aún puede correr». Sue experimentó autocompasión y juicio hacia esa mujer. Sin embargo, una parte racional también le recordaba que a menudo era demasiado «quejica». Se preguntó cómo les sentaría eso a su familia y amigos. De repente, recordó la recomendación del monje. Así que Sue se sorprendió cuando le dijo a la mujer detrás de ella: «¿Por qué no pasa usted primero? No tengo prisa».

En ese momento la mujer se dio cuenta de que Sue estaba allí. Se sonrojó cuando Sue se volvió hacia ella y se disculpó, diciéndole que tenía una reunión importante y que alguien de su familia estaba enfermo. Sue sintió compasión por ella y comenzó a sonreír y a repetir que de veras no le importaba esperar. Poco a poco, se dio cuenta de que notaba una cálida y relajante sensación en el centro de su corazón. Cuando la mujer pagó, le dio las gracias y se fue, y todo el mundo en el supermercado comenzó a aplaudir y dar las gracias a Sue. Se sintió abrumada por la amabilidad y las sonrisas de otros.

Esto fue sólo el comienzo del viaje de Sue hacia la compasión y la autocompasión. Cuanto más daba a los demás, mejor se sentía. El dolor que sufría disminuía poco a poco y también podía moverse cada vez más. Su recuperación sigue en curso, como la compasión en su corazón hacia todos los seres.

La historia de Pippa

Pippa era una niña extraordinaria. Tan pronto como pudo emitir sonidos, comenzó a cantar e incluso a componer alguna canción. Dice que ha visto bandas de colores que salían como corrientes de música en su propia cabeza. Pronto notó que estaba muy limitada; después de todo, sólo podía tararear una sola voz a la vez. Así que desde muy corta edad quiso aprender a tocar el violín, ya que había observado que era posible tocar varias cuerdas a la vez.

En 1970, oyó cómo Jacqueline du Pré (1945-1987) tocaba el famoso concierto para violonchelo de Elgar. Ése era su objetivo: el violonchelo. Tan pronto como tuvo su primer violonchelo a la edad de cinco años, se transformó en una «energía» que vivía en y para el instrumento. Muchos grandes maestros le enseñaron y se preguntaban si superaría su inspiración. Pero en 1973, a Jacqueline le diagnosticaron esclerosis múltiple y fue perdiendo poco a poco su don.

Pippa estaba muy triste por Jacqueline, pero tenía diferentes ideas sobre cómo tocar el violonchelo. Quería usar el instrumento de formas totalmente nuevas, no sólo para tocar música normal. Lo tocaba como un tambor, con los dedos de los pies, cantaba dentro de él. A todo el mundo le encantaba lo que hacía, y músicos famosos compusieron piezas para ella. Comenzó a viajar por el mundo y a componer música. Adoraba su trabajo y, sin embargo, siempre tenía miedo de perder su don, como Jacqueline.

Los viajes pesados y su propia sensibilidad, junto con el *jet lag*, la alteraban cada vez más. Se sentía muy infeliz, pero sólo le diagnosticaron depresión después de su primer intento de suicidio. Fue ingresada en un hospital, y, a pesar de que estaba en una sala de alta seguridad, se las arregló para saltar por una ventana, algo que casi acaba con su vida. Durante cuatro años tuvo que estar encerrada y no pudo tocar su amado instrumento.

Conoció a un nuevo psiquiatra que le comentó que la meditación era un medio a través del cual podría volver a conectar con su yo. Se dirigió a un famoso y maravilloso lugar, el Monasterio y Centro Tibetano Ling Kagyu Samyé, cerca de Dumfries y Galloway, en Escocia, donde conectó concretamente con la meditación compasiva. Cuanto más practicaba, más desaparecían el velo de miedo y la sensación de que se encontraba perdida.

Cuando la conocí en un retiro de compasión, había estado meditando durante cuatro años y había empezado a tocar su violonchelo nuevo. Ofreció a todos los participantes un concierto gratuito y compuso un nuevo disco para el centro de meditación. Decía que la «compasión» le salvó la vida.

5 Apego saludable y autoaceptación

¿Está el ser humano programado para ser egoísta, arrogante, cruel y defensivo, o tal vez la experiencia temprana de sentirse amado y aceptado puede ser la responsable de cómo nos sentimos y nos comportamos con los demás?

¿Por qué las personas que se sienten emocionalmente seguras y protegidas parecen actuar con más compasión hacia otros seres? Tener padres o cuidadores sensibles, accesibles y empáticos ayuda a la autoconfianza de los niños y los hace menos propensos a que sean ansiosos o egoístas. Si un niño se siente psicológicamente seguro, se sentirá cómodo mostrando cercanía, afecto y confianza hacia los demás. Las personas con un apego seguro son mucho menos propensas a sufrir depresión que las que tuvieron unos padres nerviosos o distantes.

Los niños tienen una necesidad psicológica de sentirse seguros y protegidos. Así, cuando nuestros cuidadores nos proporcionan un aprendizaje positivo y alimentan las experiencias, creamos una sensación de bienestar, resiliencia y autoaceptación, «ingredientes» esenciales del crecimiento emocional y mental de un ser humano. La autora y psicóloga Kristin Neff, experta mundial en el campo de la autocompasión, llama a nuestra necesidad de apego y cuidado el instinto de «cuidar y entablar amistades».

Los padres u otros adultos que nos educan son en principio vitales para nuestra supervivencia. La mayoría de los mamíferos necesitan el cuidado y la protección de sus padres para llegar a la edad adulta (esto se conoce como el «sistema de apego»). Los humanos son la especie más vulnerable. Los monos pequeños pueden, si su madre muere o los rechaza, aferrarse a otras hembras hasta que una les deje quedarse y empiece a tratarlos como si fueran sus hijos. Un bebé humano, obviamente, no puede actuar así, ya que es completamente dependiente y está a merced de otros.

Es nuestro «derecho de nacimiento» recibir afecto y conexión con los demás. Si sólo recibes un apoyo mínimo, o sólo «te ven» cuando haces algo mal, creces sintiéndote juzgado e incluso despreciable. Como nuestro

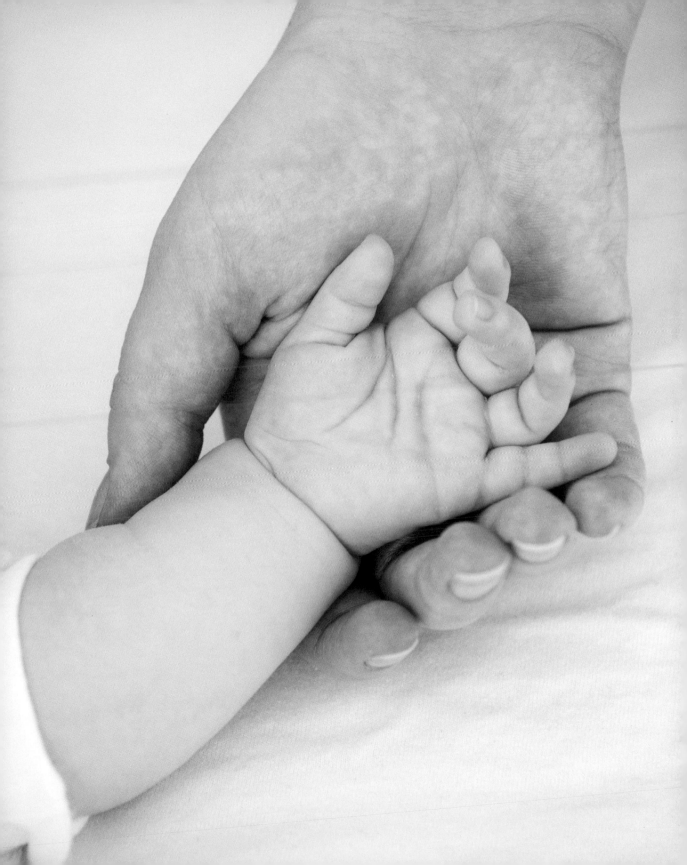

«disco duro» (memoria cerebral) está casi vacío cuando nacemos (tenemos menos instintos que otros mamíferos), almacenamos todo lo que aprendemos, y los primeros patrones aprendidos dejan los surcos más profundos en nuestra memoria.

Así pues, si tenemos unos cuidadores muy críticos o que apenas pueden cuidarse a sí mismos (como los padres con problemas de salud mental o adicciones), esto creará en nuestra conciencia creencias y comportamientos que se aprenden observando y sufriendo a padres ineptos. Así, podemos continuar criticándonos constantemente mucho después de que nuestros cuidadores hayan salido de nuestras vidas. Si sufrimos a unos padres incompetentes, y en particular si teníamos que cuidarlos cuando deberíamos haber sido atendidos por ellos, por lo general solemos sentir que no podemos confiar en nadie y que tenemos que hacer todo nosotros. Cuando experimentamos el abandono, el rechazo y otros traumas, estas experiencias dejan marcas y cicatrices mentales.

La buena noticia, sin embargo, es que nuestro cerebro es «plástico», lo que significa que tiene la capacidad de cambiar. Si aprendemos a concedernos la disciplina y la bondad que continuamente necesitamos, seremos capaces de crear nuevos patrones de pensamiento y conducta.

Aquí ofrecemos algunas prácticas que te ayudarán a reducir las heridas del pasado y a crear un nuevo tú con autoaceptación.

Práctica:
date un buen abrazo

¿Alguna vez has notado cómo los niños que se sienten molestos o intimidados se sientan en el suelo y rodean sus rodillas con los brazos? Incluso pueden balancearse hacia delante y hacia atrás para calmarse, igual que eran acunados por sus padres cuando eran bebés.

Así, cuando te sientas molesto o solo, rodéate con tus brazos y acaríciate los brazos un rato, como lo haces cuando tienes frío.

La investigación en las Universidades Rosock y Justus-Liebig en Alemania, entre otras, ha demostrado que este tipo de autocuidado libera los sentimientos de miedo y aumenta la sensación de protección, unión y paz.

Edward el seductor

Edward era sumamente inteligente, atractivo y encantador. Terminó su doctorado en filosofía cuando tenía veinticinco años y le invitaron a que impartiera clases en su universidad. Sin embargo, esto sólo duró un par de años, ya que Edward tenía dos problemas importantes. En primer lugar, solía seducir a la mayoría de mujeres de aspecto e inteligencia razonables, y esto incluía a colegas, novias y esposas de sus compañeros y, en alguna ocasión, a alumnas. Tras tan sólo tres años, perdió su trabajo después de que una alumna lo denunciara por «acoso». Por supuesto, él lo negó, pero al final todo el mundo se alegró de que se marchara. Era una persona fascinante y un ponente inspirador, pero no conocía los límites.

Esto le llevó a una recurrencia grave de su segundo problema: se deprimió mucho e incluso tuvo ideas suicidas. Trató de quitarse la vida, pero lo rescataron a tiempo. Lo interesante de Edward era que tan pronto como se sentía cuidado (y todas las enfermeras querían cuidar de él tanto como las doctoras) empezaba de nuevo su juego de seducción. Durante el mes que permaneció en el hospital, rompió por lo menos tres corazones.

Recibió psicoterapia mientras estuvo en el programa de tratamiento interno. El terapeuta era un hombre extremadamente compasivo y paciente. Se enteró de que Edward había sufrido depresión desde su adolescencia y también cierta «pasión por los viajes» cuando se trataba de mujeres. Nunca tuvo problemas para entrar en contacto con la gente o en la intimidad. En estos temas sus habilidades eran excelentes. Sin embargo, siempre tenía un gran deseo de huir cuando una mujer confesaba que lo amaba o se estaba enamorando de él. Escuchar la palabra «amor» le provocaba escalofríos.

El terapeuta tenía una idea: quizá Edward había experimentado algún hecho traumático relacionado con el «amor» en su temprano estado cognitivo y preverbal de la infancia. Le preguntó a Edward sobre su infancia y sus padres. Edward le dijo que nunca conoció a su padre y que había crecido con su madre y sus abuelos. Los abuelos eran católicos fervientes y nunca lo quisieron. Habían permitido que su hija y el «bastardo» vivieran con ellos hasta que pudiera mantenerse por sí misma. Su madre tenía dieciséis años cuando él nació.

Los abuelos de Edward castigaron a su hija ignorándola por completo a ella y también a Edward, y no ayudando nunca en sus cuidados. Así que esta joven tuvo que dejar la escuela y hacer todo lo posible para criar a Edward por su cuenta. El terapeuta pensó que esto era significativo. Se preguntó si Edward se había sentido amado y seguro cuando era un niño. Edward se quedó en blanco. No había visto a su madre desde hacía algunos años (la veía como otra mujer que merecía ser abandonada) y no tenía ni idea de si ella lo quería. El terapeuta sugirió a Edward que le escribiera una carta pidiéndole que fuera a una sesión de terapia con él. Edward se resistió durante mucho tiempo, pero el terapeuta finalmente lo convenció de que podría obtener algunos datos importantes de la única persona que lo conoció bien en sus primeros años de desarrollo.

Su madre en realidad se conmovió y quiso ayudar a Edward. En la sesión dijo que lo había extrañado mucho durante los últimos años y que siempre se había sentido culpable por no ser una buena hija o madre. El terapeuta le preguntó si alguna vez le dijo a Edward que lo quería cuando era pequeño, y ella vaciló. El terapeuta la invitó amablemente a que compartiera esa duda. Ella dijo, con lágrimas en los ojos: «Sí, solía decirle que le quería y que era mi precioso bebé, pero en ese momento no lo decía en serio. Estaba angustiada por el castigo de mis padres, me sentía frustrada por haber dejado la escuela y porque el padre de Edward nunca me apoyó en absoluto. Así que a menudo decía cosas cariñosas, pero en el fondo de mi corazón le odiaba por todos los problemas que había causado su llegada». Edward y su madre estaban llorando. Ahora era obvio por qué Edward siempre huía del «amor». Debió haber sentido el odio y el rechazo cuando su madre usaba la palabra «amor» y provocaba en él la necesidad de huir, ya que su significado para él era muy diferente al de las mujeres en su vida que le habían declarado su amor.

El terapeuta, con su permiso, les tomó las manos y les pidió que participaran en una intervención que podría ayudarles a liberar el dolor y la culpa del pasado. Así que los tres se tomaron de las manos en un círculo y el terapeuta les pidió a madre e hijo que cerraran los ojos. Les pidió que regresaran mentalmente a un lugar seguro cuando Edward tenía unos tres años. Ambos asintieron y coincidieron en el pequeño jardín detrás de la casa de los abuelos. El terapeuta les pidió que se visualizaran sentados en una manta con la madre sujetando al niño y acariciando su cabello. Tras un tiempo, el terapeuta pidió a la madre de Edward que imaginara a su yo maduro de pie detrás de ella (invisible para Edward) y apoyándola para que usara las palabras correctas mientras le acariciaba la cabeza. El yo adulto también le dijo a su yo joven que sintiera realmente en su corazón todo el amor que ahora sentía por Edward. Fue muy conmovedor oírle decir cuánto lo sentía por sus errores, pero cuánto lo amaba y que él era el mejor regalo que jamás había recibido. La madre de Edward había empezado a tocar y acariciar suavemente su pelo

y él se apoyó en su hombro. El terapeuta permitió que esta curación compasiva se desarrollase y durase tanto como fuera preciso.

Después de un rato, Edward abrió los ojos, se incorporó y dijo: «Gracias mamá. Me he sentido muy bien». Ella estuvo totalmente de acuerdo. El terapeuta les explicó que ése era el inicio de un viaje en el que podrían crecer su apego al amor y la aceptación del otro, y en sus mentes se desarrollarían nuevas estructuras de pensamiento y sentimiento.

Madre e hijo comenzaron desde cero y, poco a poco, Edward aprendió (dejando que su madre expresara su amor por él) a dejar que la palabra «amor» asumiera un nuevo significado en una relación que empezó con una mujer alrededor de un año después de esta conmovedora sesión. Todavía necesitaba a su terapeuta para lidiar con la tendencia profundamente arraigada de huir, pero poco a poco disolvió ese impulso ahora innecesario.

Práctica: respiración compasiva

1   Siéntate en posición vertical y siente tus pies firmes en el suelo. Puedes ponerte un chal o una manta alrededor de los hombros para sentirte cómodo y cálido. Cruza las manos delante del corazón.

2   Visualízate como un niño inocente o, si te resulta más fácil, a cualquier niño inocente.

3   Sé consciente de tu respiración. Con la inspiración, advierte cómo la respiración se desplaza hacia el pecho y más abajo hacia el abdomen. Luego hay una pequeña pausa natural antes de soltar el aire que sube hacia arriba y sale por las fosas nasales. Sin embargo, si estás resfriado, o por cualquier otra razón tienes que respirar por la boca, ábrela un poco y respira suavemente. En la espiración, imagina que estás soplando una cuchara de sopa caliente y no quieres derramarla; esto simulará la respiración nasal. Continúa centrándote en tu respiración natural durante un tiempo hasta que te sientas cada vez más cómodo.

4   Ahora empieza a centrarte en «el pequeño niño en tu corazón». ¿Qué te gustaría decirle? Deja que surjan palabras y frases compasivas y cálidas en tu mente, como si estuvieras tratando de calmar a un niño enojado. Prefiero no decir qué lenguaje debes utilizar. Sólo espero que puedas permanecer en tu corazón y dejar que surjan palabras amables.

5   Al cabo de un rato, vuelve a tu respiración. Poco a poco, pon las manos en tu regazo y sigue respirando un tiempo más.

Práctica: visualización.
Sentirte seguro con tu benefactor

¿Recuerdas la necesidad de un «sistema de apego» sano? Está activo durante toda nuestra vida, informando de cada relación que tenemos y cómo respondemos a las dificultades. Si somos capaces de relacionarnos con los demás y confiar en ellos, lidiaremos mucho mejor con los desafíos de la vida. Así que si puedes visualizar a alguien que te quiere, incluso si esa persona ya no vive, este protector simbólico puede ayudarte a que te calmes con rapidez cuando surgen dificultades. Esta práctica es especialmente útil cuando estás asustado o angustiado.

1   Túmbate o siéntate, tapándote con un chal o una manta.

2   Visualízate en tu lugar de seguridad favorito, como una pradera, una habitación o un jardín.

3   Ahora mira cómo la persona que te crea una sensación de seguridad camina hacia ti con los brazos abiertos. Cuando llega, te da un abrazo o toma tus manos. Internamente, escúchale decir las palabras «seguridad», «protección» y «paz»; o si lo prefieres, déjale hablar o que te cante una relajante nana.

4   Coloca la mano en el centro de tu corazón y permanece con esta visualización tanto tiempo como desees.

El reino animal y la compasión

Después de examinar cómo los humanos pueden desarrollar un sentido de seguridad y autoaceptación, incluso más tarde mediante la práctica de la autocompasión y la bondad amorosa, puede que te interese saber cómo otros mamíferos usan y aplican su sentido y necesidad de apego. Hay muchas historias maravillosas en las que animales, mascotas y otros han ayudado al ser humano o a otras especies distintas a la suya.

¿Sabías que compartimos el 99% de nuestro ADN con los chimpancés, el 98% con los gorilas y el 97% con los orangutanes? Incluso compartimos alrededor del 60% con los felinos, así que no es exagerado decir que toda vida tiene un origen común. Sólo los humanos, que se consideran la especie con mayor intelecto, a veces olvidan que este planeta pertenece a todas las formas de vida. La práctica «Metta» (*véase* pág. 76) hace hincapié en que queremos seguridad, protección, paz y tranquilidad para todos los seres.

Hay una historia nada habitual de un león que adoptó en repetidas ocasiones a antílopes y los defendió de otros leones. Se sabe que los perros han cuidado a gatos, patos y ardillas. Hay gatos que han cuidado a ratas, chimpancés que han cuidado a gatos y un chimpancé en particular que se convirtió en la madre de alquiler de dos cachorros de tigre blanco. Jugaba con ellos, los acariciaba e incluso les daba el biberón. ¿Puedes creer que un gran tigre de Bengala se convirtiera en la madre adoptiva de seis lechones o que una tortuga de 130 años cuidara a un pequeño hipopótamo?

Se sabe que muchos más animales cuidan compasivamente de su propia especie cuando están enfermos o heridos, y este comportamiento no se basa en gran medida en la reciprocidad. Las fábulas y cuentos que hablan de animales como lobos o simios que adoptan a niños perdidos en la selva, y películas como *El libro de la selva* y *Tarzán* tienen al público fascinado

en todo el mundo. Éstas son tres historias en las que el comportamiento altruista y compasivo de los animales ha salvado vidas humanas. La primera está relacionada con los delfines.

Cerca de la Gran Barrera de Coral australiana, una familia solía nadar regularmente de una playa a otra. Por lo general nadaban una media hora, y el padre llevaba a sus tres hijos adolescentes casi a diario, ya que todos aspiraban a «defenderse en la playa» y ser socorristas. En una de estas salidas, una hija y un hijo habían llegado casi a su destino cuando se dieron la vuelta y vieron a su padre y a su hermana rodeados por un gran tiburón blanco. El padre abrazaba con fuerza a su hija para que pareciera un objetivo más grande, mientras esperaban que el tiburón los dejara en paz. ¡Pero no! Sin embargo, en sólo unos minutos, un grupo de delfines comenzaron a rodear al tiburón, creando un anillo exterior. En ocasiones, algún delfín incluso golpeó al tiburón

con su hocico y cada vez se unieron más. Se sabe que los delfines atacan e incluso matan tiburones, así que después de unos diez minutos el tiburón se fue y los delfines acompañaron a padre e hija hasta a la orilla, hasta que estuvieron a salvo.

La segunda historia está relacionada con un perro. M había estado luchando en la guerra del Golfo, donde fue herido de gravedad. Perdió el uso de sus piernas y también la mayor parte de su memoria. Cuando despertó de esta pesadilla, estaba en una silla de ruedas y no reconocía ni a su esposa ni a sus hijos. Tampoco era capaz de expresar sus emociones y se sentía adormecido. Un día fue a visitar un campamento de adiestramiento de perros guía. Vio a un labrador que no había sido muy receptivo a la formación y se consideraba difícil. Pero cuando a M se le cayó un guante, el perro corrió a recogerlo y lo puso en su regazo. M no lo elogió ni le dio las gracias. El perro volvió a intentarlo; se acercó al

puesto de bebidas, tomó una lata y se la llevó a M del mismo modo. M dice que en ese momento algo pareció volver a conectarse en su cerebro y notó una sensación cálida y confusa en su corazón y acarició al labrador. Al parecer, el centro emocional del cerebro se volvió a abrir y M sonrió por primera vez desde que lo hirieron.

Las investigaciones muestran que los humanos y los animales domésticos secretan oxitocina por igual (la sustancia química producida por las madres lactantes cuando alimentan a sus bebés), así que el sentimiento de amor es recíproco. Un estudio científico demuestra que acariciar a un perro o un gato puede tener un efecto en tu estado de ánimo muy similar a estar cerca de tu bebé. Miho Nagasawa y Takefumi Kikusui, biólogos de la Universidad de Azuba en Japón, realizaron una serie de pruebas para comprobar si el contacto cercano entre dos especies produce oxitocina. Concluyeron que la hormona se libera en cantidades similares en ambos casos, lo que provoca felicidad y alivio del estrés y de la depresión, así como una mayor sensación de confianza. La sustancia química también posibilita el vínculo, esencial para la supervivencia en los seres humanos.

M se quedó al labrador y eso cambió su vida por completo. Por algún motivo, este perro amaba a su amo y sentía sus necesidades. Le ayudaba con todas las actividades que ya no podía realizar por sí mismo, incluso enviar cartas y sacar dinero del cajero automático. Reunió a M con su esposa e hijos. M estaba retraído y muy deprimido. En esos instantes su vida no tenía valor. Pero su familia adoraba al perro, lo mismo que él también, así que volvieron a quererse. M renovó sus votos matrimoniales y era todo lo feliz que podía ser dentro de los límites de sus nuevas circunstancias. Un día, él y su esposa iban por una acera cuando un conductor imprudente perdió el control del vehículo y los atropelló.

Cuando M recuperó la conciencia se dio cuenta de que el labrador le había girado para que pudiera respirar bien, le llevó su teléfono móvil y luego corrió a un bar cercano en busca de ayuda. El perro salvó dos vidas esa noche. Años más tarde, cuando el amado animal estaba muriendo en sus brazos, M le ofreció un último regalo: las lágrimas y la tristeza que habían estado ocultas hasta entonces.

La última historia no sólo es casi increíble, sino puede permitir mejoras en el diagnóstico médico humano. Durante un período de dos o tres semanas, Anne se dio cuenta de que su perro de diez años de edad, Scruffy, estaba apático y poco receptivo. Temía que estuviera muy enfermo y muriese pronto. Sin embargo, cada vez que se agachaba para acariciarlo, él olfateaba el área de su mama izquierda y parecía agitarse. Anne había descubierto un bulto en la mama izquierda, pero el doctor le dijo que era un quiste y que no había nada de qué preocuparse.

Scruffy siguió con su extraño comportamiento, y un día Anne supo que el diagnóstico era erróneo. Volvió al hospital y se sometió a una mamografía, pero nada parecía sospechoso. Sólo cuando exigió que tomaran una muestra del «quiste», los médicos se dieron cuenta de que Anne tenía razón. Era cáncer. Tan pronto como terminó su tratamiento, Scruffy volvió a ser el mismo, y todavía lo es. La investigación realizada por Carolyn M Willis y sus colegas, publicada en el *British Medical Journal* en 2004, muestra que los perros pueden oler el cáncer en la orina de las personas, y es posible que pronto se utilicen para diagnósticos no invasivos.

La compasión debería extenderse más allá de nuestra preocupación por la vida humana. Puede ser una de nuestras virtudes más importantes, y hay muchos momentos en los que podríamos expresarla a todos los seres vivos que nos rodean.

Práctica:
conectar con el mundo animal

Esta actividad está pensada para aquellos que sienten una profunda conexión con los animales, ya sean grandes o pequeñas. Anota en tu diario lo que te gustaría hacer para expresar compasión por los animales. Éstas son algunas ideas.

- El mundo animal se beneficiaría mucho de tu apoyo. Tal vez podrías ayudar en un centro de rescate de animales, o si no tienes tiempo, ¿por qué no hacer una donación?
- Adopta a un animal a través de una organización benéfica de especies en peligro de extinción.
- Conduce con atención para evitar matar animales en el camino.
- Si no te gustan los insectos, al menos toléralos. ¿Sabías que a las arañas les gusta comer mosquitos? Así que no las mates.
- Nunca tires basura en la naturaleza, ya que al hacerlo estás destruyendo el hábitat natural de nuestros amigos los animales.

¿Tienes más ideas perspicaces y compasivas?

6 Aprender a perdonar

COMO RECORDARÁS de capítulos anteriores,
la autocompasión y la compasión por los demás están
estrechamente relacionadas. Una definición de compasión
podría ser «la capacidad de sufrir con los demás»,
y en la autocompasión aplicar el mismo respeto y bondad
con nosotros mismos cuando experimentamos dolor
y que nos juzgan.

La condición humana nos expone a retos que a veces afrontamos con valentía y honestidad, pero en otras ocasiones sacan lo peor tanto de nosotros como de otras personas. Cuando somos poco amables, egoístas o no vemos la situación general, reconociendo que todos (incluso la naturaleza y los animales) estamos profundamente conectados y somos interdependientes, a veces es difícil sentir la bondad cálida que podríamos tener en el corazón. Para sentir la compasión y abrir su poderosa puerta, puede que primero necesitemos perdonarnos a nosotros mismos o a los demás. La culpa y la vergüenza hacia nosotros mismos, o la ira y el odio hacia los demás, son emociones destructivas que nos molestan en la profundización de la autocompasión y la compasión hacia los demás. Tenemos que liberar esas emociones negativas tanto como podamos.

El perdón no se puede forzar pero, al igual que la «bondad amorosa» (Metta), puede evolucionar de una pequeña semilla de intención y crecer abriéndonos a él persistentemente. Esto está lejos de tolerar actos negativos. Estamos, sin embargo, por nuestra parte, perdonando la incomprensión y el desconcierto que puede haberlos causado. Por tanto, incluso podemos aprender del pasado y evitar cometer actos hirientes similares.

La compasión humana, o lo que a veces llamo «el afecto humano», es el factor clave para todos los temas humanos.

Su Santidad el XIV Dalai Lama (1935–)

Jack Kornfield narra una historia maravillosa en su libro *The Art of Forgiveness, Lovingkindness and Peace* (2002), sobre un enfoque básicamente diferente de la gestión de la conducta poco amable: un ritual de perdón. Una tribu de Sudáfrica llamada bambemba utiliza la bondad para que un criminal vuelva a entrar en su sociedad. Lo colocan en el centro del pueblo. Todo el mundo abandona su rutina diaria y su trabajo y forma un círculo a su alrededor. Luego hacen algo bastante inusual. Cada miembro de la tribu le explica al culpable una buena acción en la que recuerdan que participó durante su vida. Puede remontarse a su infancia o a algo que hizo hace poco. Se recuerdan y recitan todos sus actos útiles y fortalezas. Este ritual puede durar días. Por último, el círculo se abre y todos los aldeanos hacen una fiesta donde se celebra el renacimiento de su hermano.

¿Te imaginas lo sanador que puede ser tal encuentro? Sabes que has hecho algo cruel y aun así sólo te recuerdan todas sus buenas acciones. Es una receta segura para abandonar la vergüenza y la culpa y sentirte totalmente sostenido y apoyado por todos tus seres queridos. Y hasta puede cesar tu propio diálogo interior negativo y ayudarte a reconectar con todo lo que es bueno y digno de ser amado dentro de ti.

El verdadero perdón sólo puede alcanzarse si somos capaces de abandonar estándares implacables a los que nadie nunca podría ajustarse. Rick Hanson, un neuropsicólogo americano, lo expresa a la perfección: «Ver los fallos claramente, asumir la responsabilidad de los mismos con remordimiento y enmendarlos, y luego estar en paz con ellos, esto es perdonarse uno mismo».

Asimismo es importante la capacidad de perdonar a los demás por sus acciones y conductas erróneas. Puede ser fácil sentir compasión cuando otros están sufriendo. Sin embargo, cuando nos han hecho daño, nuestro corazón necesita expandirse hasta la oscuridad y los truenos e ir más allá de nuestra zona de confort para expresar compasión.

La autora y psicóloga Kristin Neff realizó un experimento que concluyó que para las personas

autocompasivas es más fácil perdonar a quienes les han herido. Si eres capaz de ver que los defectos de otros pueden reflejar tus propias transgresiones, puede que halles la bondad que se necesita para liberar el enojo, la ira y la culpa.

Liberar el resentimiento aligerará tu propio ser y podría ofrecer a la persona que te ofendió otra percepción y empezar de nuevo. Por supuesto, el hecho de si deseas seguir teniendo una relación con el otro depende de la severidad de la ofensa. Autocompasión puede significar «sí» a perdonar, pero «no» a seguir relacionado con la persona que te hizo daño.

Recuerdo una triste pero maravillosa historia en la que una madre que perdió a su hijo Jo en un acto delictivo comenzó a visitar en la cárcel al muchacho que había cometido el asesinato. Ella tenía el corazón destrozado y, sin embargo, sabía que la muerte de su hijo había sido un accidente. Jo también llevaba una pistola y, tras una noche de borrachera, los dos adolescentes habían estado tonteando con sus armas. Terminó con el terrible hecho de que uno de ellos yacía muerto en la calle. Ella reconocía que podría haber sido al revés. Ambos habían comprado sus armas ilegalmente. El joven al que visitaba cada semana, que había sido condenado por posesión ilegal de armas y muerte accidental, estaba lleno de remordimientos. Ella lo conocía desde hacía años. Jo y él habían sido amigos desde la infancia. A menudo los visitaba, ya que sus padres habían muerto y su abuela solía estar ocupada cuidando a cuatro nietos.

Cuanto más lo visitaba en la cárcel, más profunda era su compasión por él. Estaba muy decaído y triste, pero sus visitas le permitían seguir adelante. Tras cuatro años en prisión, fue liberado y la madre le dijo que podía vivir con ella si quería. Éste fue su último acto de verdadera bondad y perdón; le abrió las puertas de su casa como si fuera su propio hijo.

Práctica: perdonar a quien te hizo daño

Espera hasta que te sientas verdaderamente dispuesto a perdonar; date tiempo y piénsalo. Sé consciente de las razones que pueden haber llevado al otro a actuar de ese modo.

1   Piensa qué pudo haber causado el daño que sufriste. ¿Qué emociones pudieron estar presentes cuando el otro actuó: ansiedad, incomprensión, ira, envidia, estrés? Sin perdonar el acto, ¿consideras que en esas circunstancias tú o alguien a quien amas muchísimo podríais haber hecho lo mismo? ¿Qué pudo haber sucedido en la mente del otro para que no pudiera controlar sus acciones? Tal vez el estrés había afectado temporalmente a su conciencia emocional y actuó «sin pensar». Quizá no tuvo el privilegio de recibir una buena educación. ¿Y si en realidad era simplemente desconsiderado, egoísta y cruel? ¿Había sido tratado con dureza, o tal vez tiene una predisposición genética que hace que actuara como lo hizo?

2   Ahora que has buscado respuestas en tu corazón y tu mente, quizá la única opción para liberarte a ti y a él del resentimiento eterno sea aceptar sus defectos humanos. Liberarte de los sentimientos tóxicos de cólera persistente puede ayudarte a pensar en el «perdón» y dejar de lado la culpa. Ve poco a poco si la ofensa fue muy grande. La meditación Metta (*véase* pág. 76), en la que se desea el bien al otro, puede resultar muy útil, como la paciencia hacia tus propios sentimientos de dolor y vulnerabilidad.

3   Ahora te toca a ti. ¿Puedes realmente aceptar en tu interior que tu comportamiento puede ser erróneo y aun así eres una hermosa parte de la creación?

Práctica: perdonarte a ti mismo

Usa tu cuaderno y trabaja los siguientes puntos:

1 Anota aquellos actos por los que sientes que necesitas perdón. ¿De qué quieres ser consciente para poder ser realmente capaz de absolverte a ti mismo? Prepárate para trabajar un tema tras otro.

2 Después de anotarlo todo, trata de imaginar a otra persona en tu lugar. Tal vez conozcas a alguien que haya sido desagradable contigo. ¿Qué sentiría el otro? ¿Serías capaz de perdonar a esa persona? Invita a la parte más sabia y bondadosa de ti a que perdone a esa persona confundida y tal vez culpable.

3 Ahora trata de sintonizar con la compasión sana que acabas de crear. Incluso puedes utilizar algunas frases de meditación con «bondad amorosa» (Metta; *véase* pág. 76): «Déjame estar seguro, déjame ser pacífico y bondadoso». Aplica la misma bondad y ábrete el corazón a ti mismo y al comportamiento erróneo que ya no quieres disculpar.

4 Anota (y felicítate por ello) todos tus actos amables, valientes y beneficiosos que puedas recordar. Puede que te resulte útil visualizar a alguien que te ama y oírle decir qué hay de bueno en ti.

Sé paciente y repasa la lista paso a paso. Es posible que tengas que pasar por uno o más puntos un par de veces para poder perdonarte de verdad. Permite que la experiencia de perdonar tarde un tiempo en surtir efecto. Ábrete a ella en cuerpo y alma. Siente la libertad y el alivio que acompañan a la eliminación de la culpa y al recuerdo de la bondad. ¿Cómo lo sientes en tu cuerpo? ¿Cómo crees que tú y otras personas os beneficiaréis por perdonarte y sentirte libre?

Transgresiones

Todo lo que deberíamos haber pensado y no pensamos;
todo lo que deberíamos haber hablado y no hablamos;
todo lo que deberíamos haber hecho y no hicimos;
todo lo que no deberíamos haber pensado y aun así
    pensamos;
todo lo que no deberíamos haber hablado y aun así hablamos;
por los pensamientos, las palabras y las obras, rezamos,
    oh Dios, por el perdón.
Y nos arrepentimos con penitencia.

      De *Zend-Avesta*
      (siglo VI a.C.),
      texto zoroástrico, Persia

Amor en el perdón

Te perdono por lo que has dicho y hecho.
Te perdono por lo que crees que es verdad.
Te perdono por restar importancia al mal que has causado.
Te perdono por no decir lo siento.
No retengo mi amor.
Si alguna vez lo hago, perdóname, por favor.

      Oración moderna de Tel Aviv, Israel

Aprender a perdonar a mamá

Había una vez una niña llamada Kirsty. Era un espíritu amable y educado, y su madre la quería mucho. Ella también adoraba a su madre. A menudo Kirsty se ponía las hermosas enaguas de su madre, confeccionadas con hilos de seda y plata, y luego se ponía sus perlas y sus zapatos y caminaba diciendo que era una princesa de verdad. Por supuesto, para su madre era una princesa. Kirsty también era muy inteligente y su madre le enseñó a leer, a cantar, a nadar y a esquiar antes de que cumpliera cuatro años. Todo el mundo estaba impresionado, o eso parecía.

Kirsty también tenía un padre, y él también podría haberla querido, pero lo cierto es que ella no lo sabía a ciencia cierta. Era muy estricto y tenía muchas reglas. Cuando quería dormir después del almuerzo, Kirsty tenía que estar en absoluto silencio durante una hora. Cuando quería ver sus programas en la televisión, quitaba lo que Kirsty estaba viendo, y cada fin de semana iban a casa de la abuela de Kirsty, que la cuidaba los sábados y domingos. Kirsty siempre temía el viaje, ya que su padre fumaba en el automóvil y ella se mareaba mucho. A pesar de que su madre le rogaba a su padre que no fumara, él lo hacía de todos modos.

Cuando Kirsty tenía unos cinco años, su madre comenzó a cambiar. Empezó a beber un líquido de color marrón que procedía de las botellas del mueble del salón. Después, le pedía a Kirsty que la ayudara a rellenar las botellas con té negro, que era igual que el líquido marrón que su madre se había bebido. Era un juego emocionante, y Kirsty tenía que prometer que no iba a decírselo a su padre.

Un día, su padre llevó a una visita y ambos bebieron un poco del líquido marrón. La madre estaba escondida en la cocina. Cuando la visita se marchó, el padre estaba muy enfadado con la madre. Se gritaban el uno al otro y la madre le lanzó un pesado cenicero de cristal. No le dio pero desgarró un cuadro de la pared antes de hacerse añicos en el suelo. Kirsty ayudó a recoger los restos. Pronto enviaron a su madre a que visitara a un médico en un sanatorio y Kirsty se quedó con una tía y después con otra y con su abuela los fines de semana.

Se puso muy contenta cuando su madre regresó a casa; además, parecía que estaba mucho mejor. Pero no duró mucho tiempo. Kirsty llegó de la escuela a las tres y su madre ni siquiera se había vestido y estaba tendida en el suelo, inmóvil. Como no podía despertarla, llamó a una ambulancia. Llegó muy rápido y se llevaron a su madre de nuevo al hospital. Kirsty tuvo que quedarse con sus tías y con su abuela y echaba de menos a su madre. Su padre estaba muy ocupado con su trabajo y no lo veía demasiado.

Durante muchos años, Kirsty padeció un terrible dolor en el pecho, sentía como si fuera a estallar. Siempre tenía miedo cuando regresaba a casa después de la escuela, porque nunca sabía cómo estaría su madre y, la mayoría de las veces, estaba muy rara. Hablaba de un modo extraño, ya no cocinaba y escondía las botellas de líquido marrón cuyo olor odiaba Kirsty.

El peor día fue cuando la madre se tiró por la ventana. Kirsty pensó que nunca volvería a verla, pero su madre debía tener un ángel de la guarda, porque cayó en el balcón de abajo en vez de en la carretera cinco pisos más abajo. La madre sobrevivió pero necesitó muchas operaciones y estuvo ausente durante tres meses. Entonces el padre quiso abandonar a la madre, pero al final no lo hizo. Kirsty se convirtió en una mujercita y cuidaba de su madre, que nunca se recuperó del todo.

Entonces, ¿tiene un final feliz esta historia? Tal vez sí y tal vez no, depende de cómo se mire. Cuando el padre de Kirsty murió, su madre dejó de beber. Ahora es una mujer mayor, bastante enferma y asustada. Pero un día le habló a Kirsty sobre su vida y por qué había huido al otro mundo que el líquido marrón abrió para ella. Le habló de su propia infancia y de cómo perdió a su querido padre cuando sólo tenía diez años, y de cómo un hombre había abusado de ella cuando tenía sólo catorce. Le contó que los años más felices fueron aquellos en los que conoció a su padre y luego tuvo a su hijita. Pero después de unos años de matrimonio, el negocio del padre creció y también le gustaban otras mujeres y la madre no supo qué hacer. Así que decidió tomar alcohol y olvidar.

Le pidió a Kirsty que la perdonara. Se lo pidió muchísimas veces, diciéndole, como en los viejos tiempos, lo mucho que la amaba y que estaba muy orgullosa de ella. Kirsty hizo lo que pudo y comenzó a perdonar y la sigue perdonando cada día, cada mes, cada año…
paso a paso.

… paso a paso.

Joan Puls, una hermana de la orden de San Francisco, escribió un libro maravilloso titulado *A Spirituality of Compassion* (1988) con el fin de contribuir al diálogo interreligioso. Algunas de sus ideas son muy útiles cuando se aborda el tema del perdón.

A la vulnerable edad de trece años, Joan sufrió repetidos abusos por parte de un sacerdote. Enterró esos episodios y los llevó consigo durante casi dos décadas. Luego, durante la terapia, salieron a la luz. Se dio cuenta de que parte de su continuo crecimiento dependía de la eliminación de la ira y el resentimiento que todavía sentía hacia el sacerdote. Ella describe el sentimiento de liberación que experimentó después de escribirle la carta más honesta, informándole del daño que le había causado. Aunque el sacerdote nunca respondió, ella afirma: «Cada uno de nosotros debe encontrar la manera de desbloquear las corrientes de vida que han sido obstruidas por traumas del pasado y heridas olvidadas». El perdón es terapéutico.

Encontrar el perdón verdadero

El perdón puede aparecer con facilidad cuando la relación en cuestión es casual y no es muy significativa. No es complicado si no implica un gran abandono de algo a lo que le tienes apego, como tus puntos de vista o posesiones. Algunas formas de perdón, como tener que ir a la iglesia para confesarse o pedir a los niños que se han peleado que digan «lo siento», pueden sentirse como una obligación y pueden ser sólo una cuestión de absolución ritual.

Sin una verdadera aceptación de la otra persona, el perdón será superficial: «Te perdono, ¿pero no te das cuenta de lo mucho que me has herido?». La aceptación genuina aparece cuando reconocemos nuestra comprensión limitada, en especial de los motivos del otro, y reconocemos las causas que contribuyen al conflicto. Parte de este proceso de aceptar y perdonar consiste en darse cuenta de nuestro propio potencial para herir e infligir dolor a otros, incluso a quienes amamos.

Jonathan Graham, un pastor inspirador y maestro de Carolina del Sur, afirma lo siguiente: «Aquel que hizo el impresionante descubrimiento de que en el centro del universo está el amor […] aprendió este secreto […] a partir de la ruptura de su propio corazón». Como tal, perdonar es una práctica activa. Al perdonar a otros, reconocemos que cada uno de nosotros es tanto persona que hiere como herido. Sin el perdón, nos quedaríamos en la ilusión de los roles fijos, el del ofensor y el del ofendido.

El perdón siempre se produce en el contexto del dolor. Nos pide que profundicemos nuestro entendimiento, para abrir las fronteras de nuestro corazón, para vivir con un nuevo grado de tolerancia. Es una flexión de nuestro corazón, un abandono de nuestra rectitud autoproclamada, lo cual resulta costoso. Significa abandonar nuestro apego a nuestras reacciones naturales: la humillación, la ira, el dolor profundo, la sospecha y la desconfianza. Como tal, también está liberando al que perdona.

A veces tenemos que perdonar a la vida y sus acontecimientos, y dejar de lado nuestras preguntas y demanda de respuestas. Si no lo hacemos, nos cerramos a la belleza y el gozo que la vida tiene que ofrecer, incluso en un momento de dolor y confusión.

El perdón es un reto diario: abandonar nuestro deseo de controlar la vida, nuestra necesidad de obtener resultados y de planear nuestros movimientos y los de los que nos rodean, dejar algunas de nuestras expectativas hacia otros, las previsiones meteorológicas, la interrupción no programada, la enfermedad inesperada. Si no podemos vivir en paz con las interrupciones e insuficiencias de nuestro entorno cotidiano, difícilmente estaremos listos para hacer las paces con las heridas y los traumas más importantes de nuestra vida. Estas alteraciones y retos diarios son nuestra formación para momentos más grandes en la vida como perdonar a alguien justo antes de que muera o pedir perdón en la misma situación.

El perdón es aceptar el dolor causado y asumirlo. Significa interrumpir la batalla, desarmarnos. El perdón es muy difícil porque lo confundimos con condonar como bueno algo que nos parecía mal. Es difícil porque significa que tenemos que ignorar nuestro orgullo, nuestra necesidad de ganar y nuestro deseo de control o de tener razón.

¿Podemos perdonar a los que tienen creencias opuestas? ¿Seremos capaces de renunciar a etiquetas y estereotipos y reconocer que la única cualidad que todos tenemos en común es nuestra humanidad? El verdadero perdón es el acto de contener nuestro dolor y la negativa a convertirlo en odio o venganza para que la curación pueda fluir hacia el infractor. El distanciamiento se transforma en reconciliación, y la hostilidad en comprensión. El escritor y teólogo Charles Williams (1886-1945) dijo que el perdón es una reidentificación con el amor, el amor revisitado, el amor replantado, el amor recuperado y el amor renombre.

Práctica:
perdonar y pedir perdón

Esta práctica se basa en la enseñanza de S. N. Goenka, que practica la meditación budista Vipassana. La puedes utilizar como una continuación de la primera y segunda prácticas de este capítulo (*véanse* págs. 102 y 103) y examinar poco a poco las diferentes heridas que hayas recibido o causado.

1   Siéntate en una habitación tranquila, asegurándote de que estarás cálido y sosegado.

2   Ahora contacta con tu corazón: su capacidad de amar, de abrirse, de calidez.

3   Recuerda a alguien que te haya causado dolor, de manera voluntaria o involuntaria, mediante pensamientos, palabras o acciones. Recuerda que esas acciones procedían de un lugar de desconocimiento, ilusión o estupidez, queriendo ser feliz como todos nosotros, sabiendo que todos dañamos a todos. Perdona a esa persona, diciendo en voz baja: «Te perdono/seas perdonado».

4   Ahora recuerda que tú también has causado dolor a alguien, voluntaria o involuntariamente, a través de pensamientos, palabras o acciones. Recuerda que esas acciones provenían de un lugar de desconocimiento y, en voz baja, pide a esta persona que te perdone: «Sea yo perdonado/por favor, perdóname».

7 Abrirse
al miedo y crear
resiliencia

LA AUTOCOMPASIÓN TAMBIÉN ES NECESARIA al considerar tu estado emocional. El miedo es una de las emociones que conducen a una serie de patrones de conductas inútiles y carentes de compasión. El miedo puede impedir que seamos creativos o que intentemos algo nuevo; el miedo puede hacernos intolerantes y reactivos, y a menudo conduce a la humanidad a destruir a otros.

Si te interesa este tema, puede que seas alguien que experimenta un tipo particular de miedo o que sufre una serie de manifestaciones diferentes. La preocupación a menudo es tan poderosa como una enfermedad infecciosa. Si no sanas un aspecto de ella, pronto se extenderá a otras áreas de tu vida. ¿Te resulta familiar?

El objetivo principal de este capítulo es levantar el velo del misterioso estado mental del miedo y ofrecerte intervenciones claras con el fin de reducir lo máximo posible su impacto en tu persona. Tratarás de llegar a un nivel de aceptación en el que puedas decir con toda sinceridad: «Todavía siento el miedo, pero no voy a dejar que me impida dirigir mi vida».

En cuanto a funcionamiento cognitivo, el ser humano no puede ser superado por ninguna otra especie. Sin embargo, somos bastante débiles a nivel estructural: no tenemos garras, dientes grandes, un pelaje denso ni escamas que nos protejan. Ante todo somos muy vulnerables, y por eso siempre hemos tenido que permanecer en estado de alerta máxima para evitar ser devorados por un depredador. Es cierto que nuestros depredadores naturales se han reducido significativamente en el siglo XXI, pero hemos creado versiones modernas de criaturas como «dinosaurios», «tigres dientes de sable» y «mamuts» ¡que hacen que nuestro cerebro vaya a toda marcha! Las nuevas amenazas son las máquinas, la tecnología, la velocidad, la superpoblación, los desplazamientos y la contaminación, por nombrar algunos.

Nuestro sistema de detección de amenazas no conoce la diferencia entre «un proyecto exigente para el que nos sentimos incompetentes» y un gato salvaje que come carne humana. Pensamientos angustiosos y respiraciones breves son suficientes para activar la respuesta de «lucha o huida». Sólo cambian los factores desencadenantes. La evolución no ha ayudado a los humanos a sentirse más calmados y menos angustiados cuando están bajo presión. Como Paul Gilbert señaló en su libro *The Compassionate Mind* (2009), la madre naturaleza se concentró simplemente en ayudar a nuestra especie a sobrevivir, no a «relajarse» y pasarlo bien.

Desprenderse del miedo

Todos conocemos los signos fisiológicos típicos de la ansiedad (sudoración, temblores, sentirse paralizado, incapacidad para hablar) pero también hay formas mucho más sutiles en las que tu corazón y tu mente expresan miedo. ¿Alguna vez desconectas del mundo y enciendes la televisión o un juego de ordenador? Antes de que te des cuenta, te encuentras rodeado de un mundo que observas, pero en el que no participas. Allí no podrás tener éxito pero definitivamente tampoco perderás. Sólo estás allí como un organismo unicelular en el océano de la vida. ¿Se te ocurren otras formas de evitar comprometerse con la vida? Es seguro, ¿verdad? Nada puede salir mal, excepto el hecho de que la vida pasa por delante de ti.

Los seres humanos son animales grupales. Tenemos sobre todo ganas de hacer cosas juntos. Por eso tantas personas forman parte de un club para caminar o correr o de un grupo de bolos o de tenis, porque es mucho más fácil «ponerse en marcha» cuando no estamos solos. ¿Alguna vez te has reprochado y te has regañado por no haber ido a correr o al gimnasio? Cada vez que haces eso, tu memoria añade otro sesgo negativo hacia esas actividades. Todo lo que tu cerebro puede recordar es que estabas triste o incluso estresado cuando pensabas en tu acción elegida. Esto a la larga hará más complicado encontrar la motivación para hacerlo todo.

El miedo subyacente que conduce a tal dilación puede ser o bien «sentirse solo» o «temer el fracaso». Con el fin de evitar sensaciones desagradables, evitamos «hacer» todo: el proyecto, el escrito, la cena familiar, la fiesta de cumpleaños.

Si quieres aprender a aproximarte a una emoción destructiva como el miedo, el primer paso es aceptarla conscientemente, sólo por ahora. Cuando consigas hacerlo, tarde o temprano, y con la ayuda de hábiles pensamientos y meditaciones, aprenderás cómo lidiar con ello.

Empecemos con pequeños cambios. El primero es una disposición básica a participar en actos de compasión durante tu interacción diaria con los demás. Por ejemplo, por la mañana, cuando todavía estés medio dormido, podrías despedirte de tu familia y saludar a un extraño en una tienda o en el tren. No necesitas prepararte para gestos heroicos desde el primer momento, pero tendrás que hallar la voluntad de estar realmente presente y ayudar si se produce un problema a tu alrededor. Abrir la puerta a una anciana que está lidiando con sus compras, evitar que el balón de un niño acabe rodando por la carretera, dedicar palabras de bondad a colegas que parecen un poco decaídos o mostrar paciencia con otro que pueda encontrar difícil una tarea determinada, son todos actos que demuestran la voluntad de desprenderse del miedo (de ser rechazado o no explicarse bien) y abrirse a la compasión. Estás aprendiendo a escuchar los gritos del mundo que te rodea, incluso los más silenciosos. Cuanto más lo hagas, más bondadoso serás. Muy pronto escucharás las quejas de indigentes o las preocupaciones del colega que siempre parecía tener el control pero ahora sufre terriblemente después de que a su hija le diagnosticaran un cáncer. Su sufrimiento y, en particular, el hecho de poder compartirlo contigo han demostrado que tienen sus propias luchas y demonios y que él sentía tu corazón compasivo.

Una película reciente denominada *Mary and Martha* (cuyo guion es de Richard Curtis, 2013) unió a dos madres de diferentes partes del mundo. Las dos habían perdido a sus hijos pequeños a causa de la malaria. Su dolor era insoportable, pero al apoyarse mutuamente fueron capaces de superar su propio sufrimiento y ver que en África están afectados cada día cientos de niños que mueren a causa de esta enfermedad. Movida por la compasión, la extraña pareja inició su campaña de sensibilización por todos los niños afectados por la enfermedad, que se puede prevenir.

¿Por qué deberíamos preocuparnos tanto por el sufrimiento ajeno? ¿No podríamos retarnos demasiado a nosotros mismos, ya que tampoco estamos libres de carga? Cuando estamos por completo absortos, podemos volvernos fácilmente vulnerables a la ansiedad, pero cuando nos comprometemos a aliviar el sufrimiento de otras persona, podemos descubrir un coraje y una predisposición sin límites para hacerlo.

Práctica: aprender a evitar la evasión

Anota en tu cuaderno las diversas formas en que sueles «evitar» la vida mediante acciones tales como:

- comprobar constantemente tu móvil;
- leer el periódico de principio a fin («Bueno, es nuestro deber, ¿no?»);
- olvidar las fechas importantes de tus amigos;
- comprobar tu correo electrónico cada hora;
- escuchar las noticias cada hora.

Una vez que conozcas tus principales errores, piensa en reemplazar estos «evasores» con actividades de la vida real (con cuidado y poco a poco, pero con seguridad).

Extracto de *Ítaca*

Cuando partas hacia Ítaca
desea que el camino sea largo,
lleno de aventuras, lleno de conocimientos…

Y si pobre la encuentras, Ítaca no te ha engañado.
Sabio como llegaste a ser, con tal experiencia,
ya habrás entendido lo que significa Ítaca.

Constantine Cavafy (traducido
al inglés por Edmund Keeley)

Práctica:
jugar con tu niño interior

En lugar de criticarte, busca en tu corazón al niño solitario que preferiría jugar con alguien. Podrías abrazarte y traer la creatividad al primer plano de tu conciencia. Anota las ideas en tu cuaderno.

¿Hay algún amigo, vecino o compañero de trabajo que pueda acompañarte? Tal vez puedas animarte delicadamente a tratar de hacerte amigo de alguien en tu gimnasio o cualquier otro club, incluso si es sólo el recepcionista; una cara amable que te reconozca, y viceversa, te ayudará a comenzar y a sentir que perteneces a algo.

Sin embargo, si tu falta de aspiración se debe al miedo a fracasar, ya sea por no completar un proyecto o advertir que, al finalizarlo, puede no gustarte ni a ti ni a otras personas, entonces necesitas buscar razones más profundas para el propósito de concluirlo, incluso si no se ha traducido en un éxito. «Siente el miedo y hazlo de todos modos».

Práctica: ser tu propio motivador

Anota en tu diario las razones para finalizar una tarea
o proyecto, tales como:

- Completar esta tarea mejoraría mis habilidades.
- Estaría encantado de haberlo hecho, y puede que…
  también (añade los nombres que te vengan a la mente).
- No siempre se trata de ser el mejor, sino de la aventura
  de intentar algo nuevo.
- Si a los demás no les gusta, tienen derecho a su opinión.
  Tal vez me gustará, o a algunos les gustará y a otros no.
  (Alejarse de la idea de «todo o nada»).
- Tal vez este… es lo que mucha gente ha estado
  esperando.
- A menos que lo intente, nunca lo sabré.
- Todo el mundo fracasa en algunas ocasiones; es parte
  de la experiencia humana. Incluso si yo fracaso o no lo
  hago tan bien como quisiera, voy a aceptarme
  y respetarme de todos modos.
- Este proyecto tiene el potencial de ayudarme a crecer
  y a aprender.

Cualquiera de las razones anteriores es útil, pero si una
(o dos) parecen especialmente útiles, anótala y pégala en
tu ordenador, tablón de anuncios o en la nevera.

Tierra, enséñame

Tierra, enséñame la quietud de la hierba inmóvil bajo la nueva luz.

Tierra, enséñame el sufrimiento que las Viejas rocas guardan
en la memoria.

Tierra, enséñame la humildad, como la flor es humilde al abrirse.

Tierra, enséñame a cuidar como los padres a sus hijos.

Tierra, enséñame la valentía del árbol que permanece solo.

Tierra, enséñame la limitación como la hormiga que se arrastra
en el suelo.

Tierra, enséñame la libertad del águila que sobrevuela el cielo.

Tierra, enséñame la aceptación de las hojas que mueren y caen.

Tierra, enséñame la renovación como la semilla que brota
en primavera.

Tierra, enséñame a olvidarme a mí mismo como la nieve derretida
olvida su vida.

Tierra, enséñame a recordar la bondad, como los secos campos
limpiados por la lluvia.

Oración Ute, Estados Unidos

Resistir el «culto al cuerpo»

La autocompasión es una habilidad importante, que añade al *mindfulness* la capacidad de «amar lo que se es». Si aprendemos a aceptarnos verdaderamente con compasión, puede ser mucho más fácil estar presente en el «aquí y ahora» y no ser arrastrado hacia miedos y juicios personales o preocupaciones por el aspecto externo.

Vivir en el siglo XXI, en el que, sea cual sea tu edad, se considera que debes ir aseado y ser esbelto y hermoso, es un reto constante para la mayoría de la gente. Esto afecta principalmente a las mujeres, aunque los hombres también están empezando a sentir la presión. La autora y psicóloga Kristin Neff lo llama «la épica lucha para aceptar nuestro cuerpo».

En el Reino Unido, las fuentes del Servicio Nacional de Salud (NHS) definen a una persona con un trastorno alimenticio como alguien centrado de forma extrema en su peso y la forma de su cuerpo y que toma decisiones perjudiciales sobre la comida y el ejercicio con resultados dañinos para su bienestar. El NHS considera que alrededor de una de cada doscientas cincuenta mujeres y

uno de cada dos mil hombres padecen anorexia nerviosa en algún momento de su vida. Cuando buscaba fuentes y material en Internet, encontré un cirujano plástico que en su página web decía que proporcionaba «una atención compasiva, cálida y personalizada».

Este fenómeno no es algo que haya ocurrido de repente. Sólo necesitas ver películas antiguas en blanco y negro. Los actores y actrices eran siempre bellos a su manera, pero los hombres tenían cuerpos ordinarios, sin músculos, y las mujeres tenían todo tipo de formas y tallas. Cuanto más pudimos filmar e incluso mejorar la imagen filmada, la «belleza» se convirtió más en algo que una persona común de la calle no podía lograr. La búsqueda de la perfección ya no es sólo un aspecto de la industria cinematográfica y fotográfica. Pero cada vez más mujeres y hombres se esfuerzan por parecerse a «fulanito», lo que lleva a malos hábitos alimenticios e incluso a la cirugía con el fin de lograr ese objetivo.

Quienes creen que su aspecto debe ser «perfecto» tienen que recurrir a medios drásticos, incluso a la cirugía, para

conseguir y mantener ese aspecto. Si estos métodos fallan, es posible manipular fotografías para lograr un aspecto perfecto. Sin embargo, incluso si eres un ciudadano de a pie lejos de Hollywood, la autoaceptación y la autoestima dependen en gran medida de lo atractivo que te consideres.

Tanto si comes demasiado o demasiado poco, o si te sientes «asqueado» por tu aspecto o tu comportamiento indisciplinado (comer en exceso, saltarse la dieta, etcétera), la autocompasión puede ayudarte a aceptarte y gustarte como eres. Una vez que lo logres, serás capaz de decidir, en un estado de ánimo más equilibrado, lo que realmente quieres comer o beber y con qué deporte o programa de ejercicio disfrutarías de verdad y, por tanto, seguirías practicándolo. A muchas personas no les gusta ir al gimnasio, pero sí la natación, caminar o practicar yoga, Pilates, taichí o chi kung.

Práctica: autocompasión para el cuerpo

Esta práctica se ha adaptado con permiso del «Programa de autocompasión consciente» desarrollado por Chris Germer y Kristin Neff. El objetivo es encontrar una manera equilibrada a aceptarnos a nosotros y a nuestro cuerpo sin abusar de él alimentándonos sólo con comida muy procesada y bebidas no saludables y causando problemas de salud por no movernos (el cuerpo necesita movimiento) o no salir al aire libre.

1   En tu cuaderno, haz una evaluación honesta de tu cuerpo, eligiendo un punto medio. ¿Qué te gusta de tu aspecto y del funcionamiento de tu cuerpo en general? ¿Alguna vez das gracias por tener pies que te pueden llevar a todas partes o una voz bonita? Sé realmente creativo y ve avanzando de la cabeza a los pies.

2   Ahora, con bondad, anota los aspectos que son un poco menos saludables o, en tu opinión, no suficientemente bonitos. Tal vez pienses que tus piernas son demasiado cortas o tengas una piel sensible que requiera protección solar, lo cual puede ser una molestia. Trata de ser lo más objetivo posible.

3   Sintoniza con tu corazón compasivo. Recuerda bajo la cantidad de presión que estamos todos para ajustarnos a las reglas no escritas de los medios de comunicación.

4   Tal vez todavía te resulte posible sentir gratitud y ternura por las áreas que preferirías cambiar. Trata de averiguar si *realmente* necesitas cambiar algo, como probar un nuevo corte o color de pelo, o quizás dar a tu cuerpo cierto ejercicio que le guste y que anhela. Recuerda que estás tratando de sentirte bien y satisfecho, y que tu opinión personal es lo más importante.

8 Liderazgo compasivo, vida compasiva

¿TE PREGUNTAS A VECES POR QUÉ ESTÁS LUCHANDO?
¿Por qué a la mayoría de la gente no parece importarle
y por qué ya no puedes afrontar las noticias de las cosas
horribles que hace el ser humano? En esos momentos de
desesperación y desaliento, puede ayudar de veras recordar
que hay hombres y mujeres que vuelan alto como una
paloma blanca con el fin de ver y actuar en nombre
de otros.

A finales de la década de 1960, el monje budista Thich Nhat Hanh viajó por Estados Unidos en un viaje de reconciliación. La guerra de Vietnam todavía estaba desarrollándose y Thich quería compartir con el americano común lo que significaba vivir en una zona de guerra: lo que los agricultores y sus hijos tenían que soportar a causa de crueles maniobras políticas. Este hombre pequeño y muy amable tenía tanta bondad y compasión que en la mayoría de ocasiones conectaba directamente con el corazón del público. No hablaba de culpa o represalias, sino del sufrimiento diario que ocurría tan lejos que era fácil fingir que no estaba pasando.

Narró historias sobre el cristianismo y el budismo y de las simples vidas de la mayoría de la gente en esta región del mundo, y pronto cautivó al público. Sus cuentos hablaban de la belleza inolvidable de su tierra natal, pero no se abstuvo de mencionar el sufrimiento, manifestado en casas y cuerpos quemados y muchos niños huérfanos que lloran por las noches.

Una noche en particular dio una charla en un barrio acomodado de St. Louis. El lugar era una iglesia. No muy avanzada la conversación, en la que Thich había suplicado una vez más bondad y el fin de la guerra, un hombre grande y muy enojado comenzó a agredirlo verbalmente. No se anduvo por las ramas, sino que le preguntó a Thich directamente por qué no estaba en casa ayudando a su gente en lugar de dar discursos en el extranjero. Thich tardó un tiempo en responder. Casi susurró su calmada respuesta. Utilizó un árbol como metáfora y le preguntó al hombre si regaría las hojas o las raíces de la planta. Luego continuó explicando que las raíces, que necesitan riego, estaban aquí en este país. Así que, con el fin de detener el sufrimiento de su pueblo, había elegido la única opción que parecía viable para él: viajar a Estados Unidos y hablar con la gente de allí. Al responder con tanta sabiduría, claridad y compasión transformó por completo la ira que se respiraba en la sala.

Cuando terminó de hablar, abandonó repentinamente la sala y la iglesia. Un amigo que había visto cómo se desarrollaba la historia lo siguió y vio cómo Thich jadeaba en busca de aire. Thich le contó lo enojado que estaba después de lo que el hombre le había dicho. Sintió que su ira aumentaba pero no quería explotar. Así que respiró profunda y lentamente con el fin de volver a conectar. Eso lo agotó por completo. Cuando su amigo le preguntó por qué no había mostrado su ira (la ira puede ser buena a veces), parece ser que Thich respondió: «Estoy aquí para hablar en nombre de [los] vietnamitas… y tengo que mostrarles nuestra mejor cara» (Thich Nhat Hanh, *El milagro del mindfulness*, Oniro, 2014).

Tal vez recuerdes alguna vez en la que te hayas sentido ofendido o agraviado en el pasado. Cuando los demás te traicionan o actúan como falsos testigos, puedes sentirlo como una puñalada o una patada en el estómago. La respuesta inicial puede ser herirles también o dejar las cosas claras, así que seguir el ejemplo de Thich Hanh Naht requiere mucha disciplina, pero también una profunda compasión por la humanidad en su conjunto.

Hace poco, la política birmana Aung San Suu Kyi regresó por primera vez a Oxford, donde había estudiado en la década de 1960. Probablemente heredó de su padre su profundo sentido de lealtad hacia su pueblo, que llevó a Birmania (hoy Myanmar) a la independencia a principios del siglo xx.

Justo antes de casarse con el británico Michael Aris en 1971, le envió una carta en la que dejaba claras su postura y sus prioridades. Le pedía una sola cosa: que pudiera regresar a Birmania si su gente la necesitaba. En 1988 (cuando sus hijos tenían diez y catorce años), se fue a casa de su madre, que había sufrido un infarto cerebral. Tras su muerte se quedó en Birmania, donde hizo campaña por la democracia y estuvo bajo arresto domiciliario durante muchos años. No pudo estar con su marido cuando se estaba muriendo de cáncer en 1999, lo que debió ser muy difícil, ya que se querían mucho, y no vio a sus hijos de nuevo hasta 2010. En 1991 fue galardonada, en ausencia, con el premio Nobel de la Paz, y en su discurso, «Libres del miedo», dijo que no era el poder el que corrompía la mente de la gente, sino el miedo a perder el poder. Donó el dinero que recibió del premio (alrededor de 1,3 millones de dólares americanos) para financiar un fondo para la salud y la educación en Birmania.

Hay muchos otros que también han sido gravemente ofendidos, como Mahatma Gandhi, Su Santidad el XIV Dalai Lama y Martin Luther King, pero una cosa que tenían en común era que vencieron el miedo y manifestaron su verdad. Si puedes mantener tu espíritu y tu profunda convicción ante el miedo y una posible muerte, hablar con honestidad y convicción es un verdadero logro. El Dalai Lama ha agradecido en muchas ocasiones a los chinos que le hubieran dado el don de la «paciencia». En su apelación milenaria dijo que no necesitábamos templos, iglesias, mezquitas ni otros lugares de culto, sino que todos debemos esforzarnos por convertir nuestro corazón y nuestra mente en un templo.

Ojo por ojo y el mundo acabará ciego.

Mahatma Gandhi (1869-1948)

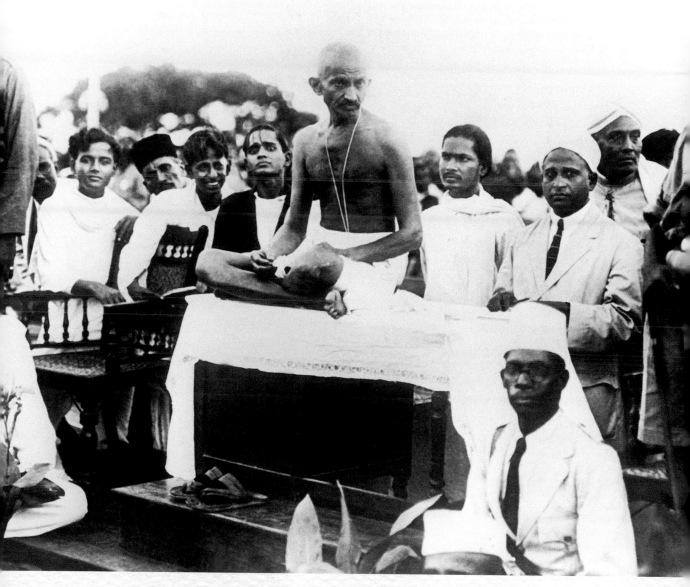

Mahatma Gandhi pronuncia un discurso en Madrás ante un grupo de *boy scouts*, alrededor de 1915.

Práctica: un enfoque compasivo en una discusión

Se trata de una práctica que ha desarrollado el neuropsicólogo Rick Hanson, que me ha permitido compartirla con los lectores.

1   En primer lugar, concéntrate, lo cual te llevará algún tiempo. Siente tus pies con fuerza en el suelo e imagina raíces que salen de ellos y te conectan profundamente con la tierra.

2   Realiza algunas respiraciones conscientes. Gratifícate con el tiempo.

3   Ten compasión por ti mismo. Siente el dolor que el otro ha causado en ti. Permite que esté ahí en lugar de alejarlo. Puedes imaginar a un ser compasivo que te quiere, de pie junto a ti.

4   Pregúntate qué sucedió realmente. Al igual que un árbitro en un partido, trata de entender ambas partes del malentendido.

5   ¿Cuán malo fue el ataque verbal o el menosprecio que sufriste? En una escala de 0 a 10 (una mala mirada es 1; ser golpeado y encontrarte en el hospital es 10), ¿cuál fue su gravedad en realidad? Si el evento es un 3 en la escala de lo terrible, ¿por qué experimentas reacciones emocionales propias de un 5 o de incluso más?

6   Ten una visión general. Reconoce, si es posible, lo que no fue tan malo en la situación. Observa el contexto más amplio de tu experiencia de vida. ¿Hay alguna cosa buena no relacionada que también te esté sucediendo?

7   Reflexiona sobre la otra persona. Ten en cuenta el gran número de razones responsables de su conducta hiriente. Tal vez no todo fue intencionado. Incluso si lo fuera, quizás escuchó informaciones erróneas sobre ti. Trata de tener compasión por ese individuo y por ti mismo. Tal vez necesites asumir la responsabilidad de tu parte en el asunto. Deja la culpa y la vergüenza a un lado y trata de ser tan objetivo como puedas. Es posible experimentar la compasión y el perdón hacia otros, incluso si sus acciones estuvieron mal.

8   En el futuro, protégete de las personas que tiendan a ofenderte o a hacerte daño; reduce la relación a un punto seguro. Obtén apoyos y testigos. construye tus recursos. Déjate aconsejar por un amigo, terapeuta, abogado o incluso por la policía. Si es apropiado, acude a la justicia.

9   Comunica lo que hay que decir y haz peticiones para el futuro. «Si te molesto, ¿podrías hablar conmigo directamente y explicármelo, por favor?». «¿Podrías, por favor, no usar malas palabras?». Piensa en tus propias peticiones y anótalas en tu cuaderno.

10 Por tu propio bien, trata de liberar la ira y los pensamientos y sentimientos dolorosos. Deja de pensar en el pasado y céntrate en el aquí y el ahora. Todo lo que puedes hacer en realidad es lo que acabas de intentar. Puede que otros te respeten por ello o que ni siquiera te escuchen. Mucha gente actuará de forma egoísta y te defraudará.

11 Lo más importante es encontrar la paz en tu corazón.

Comunicación compasiva

Sucede casi todos los días: te sientes herido, molesto e incluso enojado por palabras o actos irreflexivos de otras personas. Con frecuencia también te sientes incomprendido por otros, pero te duele más cuando ves que tus amigos y familiares más cercanos no te comprenden. La comunicación compasiva trata de explorar por qué no te entienden o malinterpretas a los demás. La comprensión que puedes encontrar mediante la comunicación compasiva puede ayudar a cambiar a la persona de la que eres realmente responsable: tú mismo.

Puede que desees saber por qué hay ciertos patrones en las relaciones significativas que provocan una ruptura en la comunicación. Una vez que hayas analizado esos patrones, es posible que quieras aprender a cambiar tu estilo de comunicación de manera que alimente en lugar de drenar tus interacciones con los demás. También puede que desees saber cómo funciona la comunicación buena y fructífera con el fin de crear la fuerza interior para luchar por nuevas metas y relaciones más significativas.

Con el fin de ser más compasivo cuando te comuniques, prueba lo siguiente:

- Examina si tu pensamiento puede ser crítico y culpabilizas a los demás y a ti mismo, y con qué frecuencia.
- Experimenta con la escucha y la conversación empáticas, de modo que aprendas realmente a escuchar lo que otros dicen, y que otras personas te entiendan como desearías.
- Tómate tu tiempo para observar cada día las creencias fundamentales (trampas de la vida para el pensamiento y el comportamiento) que subyacen en gran parte de tu pensamiento reactivo cotidiano: observa cómo una mayor familiaridad con estas creencias disminuye su impacto y hace que sea posible reemplazarlas, pues probablemente ya no te ayuden.

Der Ton macht die Musik (Usar el tono adecuado aumenta la probabilidad de ser escuchado)

Antiguo proverbio alemán

He aquí un ejemplo. Puede que hayas sido criado por unos padres que, por una razón u otra, no tenían mucho tiempo que dedicarte. Así que has aprendido, con el fin de sobrevivir, que sólo podías confiar en ti mismo y que, por tanto, ya no necesitabas a los demás. Esta percepción puede haberte ayudado a sobrevivir en tu infancia, pero si todavía estás apegado a ella, te resultará difícil compartir pensamientos y responsabilidades en las relaciones adultas. Así que puedes acabar con una pareja muy necesitada o incluso con ninguna.

Un estudio de la Universidad de Pittsburgh en Johnstown, llamado Efectos de la variación en el tono emocional de la voz en la percepción del habla, halló que el «tono» tiene un gran impacto en el desarrollo de una conversación. Como nuestra percepción siempre busca posibles peligros, un tono repetidamente crítico, insatisfecho, angustioso o con prejuicios puede afectar en gran medida a nuestra interacción con los demás. John Gottman, destacado investigador del matrimonio y la paternidad, ha demostrado que se pueden necesitar varias interacciones positivas para compensar una sola negativa.

La compasión en el corazón y en el canto

Cuando tenía diez años, estaba totalmente fascinada por The Beatles. Ellos fueron la razón por la que elegí el inglés como mi primera lengua extranjera en la escuela. Con un diccionario en la mano, traducía sus canciones a mi lengua materna. El *beatle* que más me conmovía era George Harrison. Las canciones *Let It Be, Yesterday, All you need is love, Here comes the sun* y *Blackbird* eran mis favoritas. Pero otra parte de él era igual de convincente que su genio musical, y era su profunda espiritualidad. Aquí tocó mi alma aún en más profundidad. Ravi Shankar, el músico espiritual indio, se había convertido en su maestro no sólo de música sino también en los temas del alma. En mi opinión, su amistad «partía del cielo». Vivían la música y el canto era su oración.

George estaba realmente conectado con el corazón y su lenguaje, y eso era más importante para él que la fama, el poder o la riqueza. Fue el primer gran músico en organizar un evento musical tan sólo para ayudar a aquellos que estaban sufriendo. Organizó el Concierto por Bangladesh (1971) para ayudar a las víctimas de la terrible guerra civil que asoló al país con sus numerosas atrocidades: asesinatos, violaciones, incendios provocados y la limpieza étnica de los hindúes. Se hablaba de tres millones de muertes y ocho o más millones de refugiados en la vecina India. Había que hacer algo y George lo organizó con la ayuda de Ravi Shankar y otros. Muchas leyendas de la música como Ringo Starr, Bob Dylan y Eric Clapton se unieron a él en el escenario. Hubo dos actuaciones en Nueva York, y los beneficios de éstas, de los discos y del documental fueron donados a los refugiados y las víctimas de la guerra.

Creo que George Harrison era un verdadero líder, ya que enseñó a cientos de miles de personas qué es la bondad y la compasión. Demostró que todo el mundo podía involucrarse de verdad y aliviar el sufrimiento de los demás.

Práctica: encontrar la compasión mediante la música

Estoy segura de que hay una canción o una serie de canciones que te gustan porque evocan una sensación de bondad, unión o compasión. Tal vez nunca hayas pensado en las canciones de este modo. Busca en tu colección de música lo que puedes encontrar al respecto. Conviértete en un investigador de la compasión. Escucha la música que te guste y anota en tu diario qué hace que una canción o melodía toque tu corazón profundamente. ¿Qué emociones sientes que emergen? ¿Qué colores o imágenes surgen en tu mente? Tal vez incluso quieras pintar un cuadro y tomar algunas fotografías que profundicen en la historia de la canción. Deja que la creatividad y la compasión te guíen en tu búsqueda.

Qué hacer y qué no hacer para la comunicación compasiva

(recomendado por el terapeuta familiar y neuropsicólogo Rick Hanson):

• Relaja el cuerpo y el corazón, ya que esto suaviza su tono de voz.

• Evita el uso de palabras provocativas: exageraciones, acusaciones, declaraciones «todo o nada» (siempre, nunca), insultos, palabras malsonantes, etcétera.

• En su lugar, emplea palabras veraces y no agresivas. Rick afirma: «Imagínate que se están grabando en vídeo y que las personas que te importan lo verán más tarde; no digas nada de lo que te arrepientas después».

• Di lo que hay que decir. Un tono razonable y educado en realidad promueve la honestidad y la asertividad. Un tono más suave no debería significar no defenderse.

Liderazgo compasivo en el trabajo

Cada vez aparecen más evidencias, incluido un informe en el *Journal of Applied Psychology* de 2011 llamado «Liderazgo agresivo: ¿cuándo se convierte la fuerza en debilidad?», que muestra que el liderazgo agresivo e introspectivo ni motiva a los empleados ni les ayuda a sentirse parte de un contexto más amplio. Lo que en realidad funciona es la bondad y la compasión por parte de los líderes. Éstas inculcan en el individuo la noción de «nosotros-nosotros» (en lugar de «ellos-nosotros») y de pertenencia a un grupo. La compasión y la empatía producen los mejores resultados en las empresas y menos enfermedades entre los empleados. ¡Todos salen ganando!

El profesor Richard Davidson, de la Universidad de Wisconsin-Madison, afirmó en una entrevista: «La forma en que los líderes se comunican con los empleados es un tema esencial que deben reconocer las organizaciones.

Los enfoques comunicativos que los líderes aplican con empleados jóvenes varían en estilo, tono y entrega […]. La comunicación agresiva utilizada por el liderazgo altera la capacidad del flujo saludable de la conversación de dar respuestas internas y externas productivas del empleado». Explicó: «Tenemos investigaciones que prueban cómo las emociones positivas tales como la compasión, la bondad, la inclusión y la alabanza tienen un efecto absolutamente constructivo sobre el funcionamiento del cerebro, el bienestar psicológico, la salud física, la motivación y las relaciones personales».

En su libro, *It Worked For Me* (2012), Colin Powell, el anterior presidente del Estado Mayor Conjunto y Secretario de Estado de Estados Unidos, recuerda una experiencia de su infancia. Su iglesia acogió a un sacerdote anciano que estaba angustiado. Afirma que la

Práctica: compartir la compasión como un grupo

1 Escribe en tu diario sobre la última vez que guiaste a un grupo del que formas parte.

2 ¿Qué cualidades compartiste con los otros miembros que alimentaron e inspiraron al grupo? ¿Cuáles te gustaría desechar?

3 Ahora fíjate una meta. Paso a paso, utiliza la bondad amorosa para aprovechar lo que es saludable y liberar lo que os obstaculiza a ti y a tu equipo.

4 Usa sentimientos tales como: «Puedo seguir siendo paciente y alabar a todo el mundo, por muy pequeña que haya sido su contribución» y «Puedo mostrarme tolerante cuando [nombre] se equivoque y hablar amablemente cuando le pregunte cómo puedo ayudarle a superar ese obstáculo».

bondad no consiste sólo en ser amable; también se trata de reconocer a otro ser humano que merece atención y respeto. A Powell también diciéndose le atribuyen las siguientes palabras: «Nunca puedes errar por tratar a toda la gente del edificio con respeto, consideración y una palabra amable».

Creo que cualquier grupo que consista en más de dos personas es una especie de «empresa». Ya se trate de un grupo de trabajo, una obra de caridad, una familia o amigos que se dedican a un hobby con regularidad, el que guía o dirige la unidad (incluso si se turnan) debe tener los intereses de todo el grupo en el corazón para que todos disfruten de la actividad y se esfuercen al máximo.

Cuando la compasión
llena mi corazón

Cuando la compasión llena mi corazón,
libre de todo deseo,
me siento en silencio como la tierra.
Mi llanto silencioso retumba como el trueno
a través del universo.

Jalal al-Din Rumi (1207-1273)

Índice analítico

Agradecimientos

Quisiera dar las gracias a todos los maravillosos hombres y mujeres que me han inspirado a escribir esta guía de autocompasión.

A Bernhard, que me acepta completamente «en toda mi crudeza» y está viviendo una vida compasiva.

A Helen Stephenson, mi amiga y comaestra, que es mi faro de luz y que compartió sus ideas conmigo con tanta generosidad.

A mi madre, por ser tan cariñosa en mis primeros años y seguir amándome todavía con todo su corazón.

A Liz Dean y Sybella Stephens, mis editores, que me apoyaron con sabia inspiración y paciencia durante todo el proyecto.

A mis maestros: John Teasdale, Paul Gilbert, Kristin Neff y Chris Germer por transmitir su sabiduría de una manera tan bondadosa y con compasión.

A todos los seres que han sido maestros en este camino, de un modo consciente o inconsciente.

Créditos fotográficos

Alamy   Amana 127; Bernd Mellmann 104-105; George Mayer 12-13; Jim Holden 133; Rafael Ben-Ari 31
Corbis   John W Gertz 71; Martin Puddy 118-119; Ocean 52-53; Pete Leonard 55; Radius Images 40-41; Rana Faure 38-39; Stefan Wackerhagen/imagebroker 58-59; Stuart Cox 32-33
Fotolia   anitasstudio 2; B and E Dudzinscy 16-17; svedoliver 73; tore2527 18-19
Getty Images   Abby Marshall 7 superior centro derecha; Assembly 102-103; Borut Trdina 64-65; Carole Drake 113; Datacraft Co Ltd 10-11; Jamie Grill 35; Jasmina 120-121; Keystone-France 129; Meg Takamura 7 inferior izquierda; Mitushi Okada 100-101; Nicky Bond 109; RyanJLane 95; Stepan Popov 29
Glow   Images Image Source 138-139; Michael Steines 24-25; Purestock 141; Rashelle Engelbrecht/Anka Agency 80-81
PlainPicture   Anna Matzen 99
Shutterstock   DwaFotografy 69; Filip Fuxa 48-49; Galyna Andrushko 130-131; iravgustin 79; Kotomiti Okuma 85; Sundari 51; WDG Photo 8-9
SuperStock   Image Source 7 inferior centro; PhotoAlto 42-43; Zen Shui 7 centro izquierda
Thinstock   Comstock 44-45; Hemera 7 superior izquierda; iStockphoto 7 inferior derecha, 92-93, 116-117; Stockbyte 87